Christian Schiester

LAUF INS LEBEN

Ein Buch zwischen Wahn und Sinn.

Verfasst von Thorsten Medwedeff und Thomas Schrems

Leykam

Wir danken den Fotografen Jürgen Skarwan, Jean-Luc Ginolin, Betrand Mahe, Uwe Fischer, Ulrich Grill und Thorsten Medwedeff.

2. Auflage 2009

Cover: Barbara Mungenast
Grafische Konzeption & Gestaltung
www.mungenast.at

Gesamtherstellung: Leykam Buchverlag
ISBN 978-3-7011-7660-1

www.leykamverlag.at

INHALT

Red Bull

Red Bull
asics
Red Bull

0 Prolog

Prolog I von Christian Schiester

„Ich laufe täglich einem Mammut hinterher." Christian Schiester über seine Motivation zu laufen.

Es fragen mich die meisten Leute nach dem Sinn meines Sports. Es ist mehr als nur monotones Dahinjoggen. Für mich ist es zur Lebensphilosophie geworden. Ich betreibe jeden Tag Psychohygiene, wobei ich den geistigen Müll, der sich täglich ansammelt, irgendwo auf meiner Laufstrecke vor mich hinlege. Anschließend laufe ich davon. So schnell ich kann.

Es ist etwas, was der Mensch grundsätzlich kann, wenn er gesund zur Welt kommt, nämlich laufen. Schon in der Steinzeit hat der Mensch, um an Nahrung zu kommen, Tiere zu Tode gehetzt. Stunden, Tage, ja sogar Wochen, bis zum bitteren Ende. Entweder das Ende des Tieres oder das des Menschen. Der Langsamere hat immer verloren!

Genau dieses Gesetz der Natur gilt auch heute noch. Nun hat es der Fortschritt mit sich gebracht, dass der Mensch nach der Erfindung des Rades, des Autos und des Flugzeugs diese Fähigkeit, mit eigener Kraft voranzukommen, nicht mehr braucht, und dadurch auch verlernt hat.

Ich habe mir diese Fähigkeit in jahrelanger Arbeit wieder angeeignet.

Die Fähigkeit, meinen Körper und Geist überall dorthin zu bringen, wo andere niemals hinkommen können …

„Ich laufe, weil ich ein Läufer bin. Jeder Mensch, der gesund zur Welt kommt, ist ein Läufer, so wie ich."

Prolog 2 von Thorsten Medwedeff

Können Sie sich an den oscargekrönten Film „Forrest Gump" erinnern? Etwa zur Mitte des Streifens beginnt Hauptdarsteller Tom Hanks tagelang zu laufen, er wird immer dünner, in seinen Bart kann er sich bereits einen Zopf knüpfen. Genauso hab' ich mir Christian Schiester vorgestellt, bevor ich ihn im September 2002 das erste Mal traf.

Die Presse- und Öffentlichkeitsabteilung von Red Bull war an das Redaktionsbüro „Union Wagner" herangetreten, für das ich damals arbeitete. Wir sollten uns medial um Christian kümmern, bei ihnen wisse keiner so recht, was man mit ihm anfangen soll: „Christian Schiester ist ein bisschen verrückt und esoterisch. Er will im kommenden April 243 Kilometer durch die marokkanische Sahara laufen."

Verrückt? Esoterisch? Als ich mit meinem damaligen Chef Stefan Wagner zum ersten Mal zu Christian nach Mautern bei Leoben kam, begrüßte uns ein Mensch wie Sie und ich (okay, er sah sehr viel fitter aus als wir) – und er kredenzte uns beim ersten Interview in der Herbstsonne einen selbst gebackenen, noch warmen Gugelhupf.

Am selben Nachmittag fuhren und wanderten wir für das erste Fotoshooting mit Christian auf den Mitterkogel, auf dem bereits Schnee lag. Wir rutschten mit unseren Halbschuhen im Schneematsch umher und sahen mit unseren Trenchcoats aus wie Clowns, die sich am Berg verirrt hatten. Verrückt, meinte Christian später, seien an diesem Tag bloß die Halbschuh-Touristen aus Wien gewesen. Er dagegen lief durch den kniehohen Schnee – immer wieder. Seine Beine bewegten sich wie die Kolben einer Dampflok. So hatte ich noch niemanden laufen gesehen – und dabei war ich zwei Jahre zuvor bei den Olympischen Spielen in Sydney gewesen.

Ich sollte Christian noch öfter laufen sehen: Ich durfte ihn in die marokkanische Sahara (2003), in den indischen Teil des Himalaya-Massivs (2004) und in den Amazonas-Dschungel in Brasilien (2006) begleiten. In der Antarktis (2007) war er dann völlig auf sich allein gestellt. Im wahrsten Sinn des Wortes.

Den Satz „Du bist ja noch verrückter als ich!", schleuderte er mir erstmals nach einer qualvollen Etappe in der Wüste mitten ins Gesicht. Ich sollte ihn immer wieder hören. Ich hätte ja bequem in einem Schreibtischsessel in einer Redaktion in Wien sitzen können, anstatt durch unwirtliche Gegenden zu fahren, auf Steinboden, in unbeheizten Unterkünften und in der Hängematte zu schlafen oder meine schmutzige Wäsche im Tapajós, einem Nebenfluss des Amazonas, waschen zu müssen.

Aber vielleicht habe ja auch ich ein Mammut, das ich verfolgen muss. Es trägt den Namen Christian. Von ihm soll hier die Rede sein.

Foto © Dujmic

Red Bull
asics
asics
Red Bull
asics

Prolog 3 von Thomas Schrems

Der Fuchs und der Wolf

Der Beginn unseres Weges ist die Geschichte vom Wüstenfuchs und dem Wüstenwolf: Er, der gewiefte Sportler mit der Aura eines Spinners (Fuchs), wollte quer durch die Wüste Sinai laufen, ich, der reißerische Schreiber (Wolf), ihn begleiten.

Er, der Läufer, würde sich durch Sand und Dünen schinden, nach Atem und Wasser japsen und lechzen, stets am Abgrund des Scheiterns. Ich, der Schreiber, würde hoch zu Kamel nebenher schweben, mit gespitztem Stift auf sein Versagen lauernd, erhaben wie die großen europäischen Söhne der Wüste: Thomas von Arabien.

ABER: Ein Wüstenfuchs bleibt immer ein Fuchs. Er ist geschmeidig, genügsam, zäh und unbeirrbar. Der Wüstenwolf hingegen (besser: der mit dem wüsten Wolf) hat viele Gesichter.

Kennen Sie überhaupt ***den*** Wolf?

Nicht den aus dem Tiergarten. Auch nicht Meister Isegrim der Gebrüder Grimm oder jenen im Schafspelz. Nein, der echte Wolf lauert zwischen den Beinen. Wenn sich die Haut im Schritt verabschiedet und es schabt und scheuert und brennt wie von Myriaden glühender Nadeln. Der Wolf, wie er leibt und lebt.

Und so ist die Wahrheit unserer 500-Kilometer-Reise letztlich eine andere: Das Sitzfleisch eines Bürohengstes und der Rücken eines Kamels vertragen sich nicht. Wundenlecken statt Honiglecken. Auch ich musste zu Fuß gehen – zwei Wochen, vierzig Kilometer täglich bei 35 Grad.

Christian spulte sein Pensum im Takt einer perfekt gewarteten Laufmaschine ab. Mein untrainierter Körper hingegen wollte … einfach nur vergehen. Schon am zweiten Tag begann ich zu delirieren, sehnte den todbringenden Kuss der Hornnatter herbei … bloß: Hornnattern halten im Dezember Winterschlaf.

Und am dritten Tag … kam der Wolf.

„Nein, du wirst nicht jammern“, beschwor ich mich. „Eher beißt du dir die Zunge ab.“ Der Stolz eines verhinderten arabischen Recken? Oder nackte Verzweiflung?

Fest steht: Wer schweigt, spricht durch den Körper. Wie

Foto © Jürgen Radspieler

sagte der Philosoph Paul Watzlawick? ***Man kann nicht nicht kommunizieren.*** Fest steht daher auch: Es fiel Christian nicht schwer, mir IHN, den Wolf, anzusehen. Denn ich ging, als hätte ich eine Batterie Medizinbälle zwischen die Schenkel geklemmt. „Du darfst dich nicht gegen ihn wehren, Tom", sagte er. „Lass ihn geschehen. Und dann geh ihn einfach weg!"

Ihn geschehen lassen?

Ihn einfach weggehen?

Am siebten Tag erahnte ich, was er meinte. Da hatte der Kopf begonnen, über den Körper zu triumphieren. Die Qual wurde fast zum Vergnügen. Und die Erkenntnis einer Existenz zwischen Laptop, Fernseher und Handy lautete: Nichts ist leichter als der Monotonie zu entfliehen. Nichts schwerer, sie zu erlangen. Der Weg ist zäh. Doch dann trägt sie dich über alles hinweg.

Zwei schiestersche Sätze prägten mich auf dieser Reise. Der eine: ***Quäle deinen Körper, sonst quält er dich.*** Der andere folgte meinen Vorbehalten dem Laufen gegenüber.

Es mangelt mir an Konsequenz, sagte ich.

Du hast aber auch die Konsequenz, es NICHT zu tun, sagte er.

Seitdem laufe ich. Nicht wie er. Aber täglich. Und ich orte zarte Parallelen zu jenem anderen, früheren Christian Schiester, von dem Sie in diesem Buch auch lesen werden – dann nämlich, wenn ich auf die Waage steige und die elektronische Anzeige nach 15 Jahren erstmals wieder nur zweistellig ist.

Red Bull
BAD RADKERSBURG
asics
asics
BAUERFEIND

I. New York

Plötzlich war da nur noch ein Dröhnen. Ein Gefühl, als ob dir jemand Watte in den Kopf stopft und gleichzeitig laut brüllt. Das Gras im Central Park fühlte sich kühl an, angenehm auf dem erhitzten Körper. Alle Geräusche der Großstadt waren so weit weg. Schmerzen? Gar kein Ausdruck. Alles in Christian schrie laut: „Stehen bleiben!" Und der Körper war zu schwach, um dem Geist Widerstand zu leisten. Es war bei Kilometer 36. Mitten in New York. Und Dutzende Menschen versuchten, dem Steirer aufzuhelfen, versuchten ihn dazu zu bringen, auch die letzten verdammten 6.195 Meter zu laufen, zu gehen oder zu kriechen.

Da waren auch die Gedanken an zu Hause, an die Häme und den Spott, mit dem die, die es immer schon besser wussten, Christian empfangen würden. An jene, die es dem Dicken immer schon prophezeit hatten: „Das schaffst du nie! Aus dir wird kein Sportler!" Jene, die in Christian immer noch den gemütlichen Postbeamten mit dem Faible für Pfeiferauchen und Biertrinken sahen. Jene, die mit dem neuen Christian gar nichts anzufangen wussten. Die Bauern auf ihren Traktoren, die ihn auslachten und ihm zuriefen, er solle lieber etwas Anständiges arbeiten, als sinnlos durch die Gegend zu rennen. Und jene, die immer wieder versucht hatten, ihn in sein altes Leben zurückzuholen, zurück an den Wirtshaustisch. Sie alle würden Recht behalten. Denn Christian Schiester würde als Verlierer aus New York zurückkehren. Jener Schiester, der nur beim Saufen und Rauchen bisher große Leistungen erbracht hatte. Hauptsache Spaß haben – das war sein ortsbekanntes Motto. Manchmal trank Christian so viel, *„bis mir der Alkohol fast aus den Ohren rausgeronnen ist"*.

Aber jetzt und hier, in New York, hatte der Spaß ein Ende. Christian hatte viel zu schnell begonnen. Er wollte unbedingt unter drei Stunden laufen und war davon überzeugt, dass das auch zu schaffen ist. Und: Christian wollte unbedingt den Bäckermeister Hanspeter Leitner schlagen, seinen Zimmerkollegen im Henry Hudson Hotel in Manhattan, einer dunklen, dreckigen und lauten Absteige, durch deren Fenster die Sirenen der Einsatzfahrzeuge die ganze Nacht lang dröhnten. Der Leitner Hans, das war ein Sporttalent, immer schon: langjähriger Fußballer, Skifahrer, Mountainbiker und Läufer. Dank seiner Erfahrung war er an diesem Tag nicht zu biegen.

Christian dagegen war nervös und unerfahren und auch ein bisschen naiv. Am Tag vor dem Rennen hatte er sich einen nagelneuen, superleichten und grellorangen ASICS-Wettkampfschuh gekauft. Das Gefühl am Start mit dem tollen Schuh war gut. Wenige Kilometer später war klar: Der Schuh war um eine halbe Nummer zu klein und die Zehennägel würden abfallen wie das Laub im Central Park. Frühstück hatte der Marathon-Novize auch keines runtergebracht. Die Magennerven wehrten sich vehement gegen jegliche Nahrungsaufnahme. Die ameri-

Christian und der Bäckermeister Hans-Peter Leitner im Ziel des New York Marathon 1990.

kanische Hymne vor dem Startschuss sorgte für einen trügerischen Adrenalinschub. 25.000 Läufer, dicht nebeneinander und ein Ziel: 42,195 Kilometer. Und mehr als vier Millionen Zuseher an der Strecke. Absolutes Gänsehautfeeling. Es gibt eine Statistik, die besagt, dass in New York täglich 16 Menschen ermordet werden. Nur an einem Tag nicht, an dem Tag des Marathons – da gehen alle auf die Straßen, um die Marathonläufer anzufeuern.

Aber der Start hat auch seine ekelhafte Seite. Mitten im Feld kann keiner mehr raus, um zu urinieren. Die Männer knien einfach nieder und lassen es laufen. Die Läufer stehen in einer gelben Brühe. Auch Christians Füße in den knalligen Schuhen waren nass, als der Startschuss fällt.

Fünf Minuten lang sitzt Christian im Gras. Ihm ist alles egal. Der Stolz über den vom Großgrundbesitzer Prinz Heinrich Reuss XII. gesponserten Trainingsanzug mit der Aufschrift „Wildpark Mautern", der Stolz, überhaupt nach New York geflogen zu sein, er, der Christian aus dem kleinen Mautern in der Steiermark. *„Ich wollte nur noch sterben. Ich scheiß' drauf."* Nicht nur auf diesen Marathon. Aufs Laufen, aufs Sportlichsein an sich. Sein weiterer Lebenslauf entscheidet sich in diesen Minuten. Niemals hätte seine Silke einen fetten Trinker erhört. Sein Leben war dabei, einen Haken zu schlagen. Beinahe wäre daraus wieder eine Gerade geworden. *„Aber dann hat mir Gott diesen Engel geschickt."* Einen recht dicken Engel, mit kohlrabenschwarzer Haut und einem Temperament wie die vier Pointer Sisters zusammen. *„Sie war eine richtige Mutti. Bestimmt 130 Kilogramm schwer. Mit Brille, sehr bunt gekleidet. Mit Bluse und Kittel und Strümpfen, wie sie alte Frauen tragen."* Und mit einer dicken Lederhandtasche. Sie griff hinein, holte ein Bonbon heraus und steckte es dem verdutzten Christian in den schäumenden Mund.

Zitrone. Der Geschmack von Zitrone und viel Zucker stieg Christian in den Kopf. „Come on Baby, you'll do it!", schrie sie ihn an. *„Ich musste weiterlaufen. Es ging gar nicht anders."* Mit von riesigen Blasen übersäten Füßen stampfte er ins Ziel. Es sollten seine letzten ernsthaften Blasen bleiben bis zum „Jungle Marathon" 16 Jahre später. Im Ziel hatte Christian nur einen Wunsch: eine Dose Bier! Er hatte seinen ersten Marathon in 3:02:36 Stunden absolviert. Es wurden drei Biere. Zwei davon im Hotel in der Badewanne. Eigentlich ein Verhaltensmuster des alten Christian. Aber mit dem Schweiß und dem Urin und dem Blut von den offenen Blasen und eingerissenen Zehennägeln verschwand der alte Schiester in der New Yorker Kanalisation.

3:02:36
SEIKO
FINISH
MAR
ERCEDES-BENZ
2032
813

2 Ich war immer der Dicke

40 Zigaretten und häufiger Alkoholgenuss, Bilder aus Christians anderem Leben. Christian 1970 und '71 (re.).

Christian (Jahrgang 1967), der als Frühchen mit sieben Monaten nur 1,41 Kilogramm wog, war später ein richtig dickes Kind. Und auch ein dicker Jugendlicher. Sein Halbbruder Thomas dagegen war ein hagerer, zäher Bursche, was den beiden Unzertrennlichen die wenig schmeichelhaften Spitznamen „Dick und Doof" eintrug. *„Es wurde immer gelacht über uns."* Aber auch über Christian alleine lachten die anderen Kinder häufig. Besonders, wenn es um Sport ging. In der Schule gehörte er immer zu jenen, die beim Fußball oder Völkerball zuletzt und nur unwillig in die Mannschaft gewählt wurden. Christian hatte Angst vor dem Turnunterricht. Er war stets froh, wenn es wieder vorbei war. Er brauchte für alles länger als die anderen. Er stellte sich ungeschickter an und war ein Kind mit sehr wenig Selbstvertrauen.

Essen war im Hause Schiester immer ein zentrales Thema. Und es war nichts Gesundes, was da auf den Tisch kam. „Esst's Buam, esst's!", forderte die Mutter auf und servierte überwiegend fettreiche, aber wohlschmeckende Hausmannskost. Und wie es den Buben schmeckte! Es gab Schnitzel, Backfisch, Backhuhn, Pommes, Kuchen und Torten und natürlich Schokolade. Die Buben sollten nicht hungern, anders als die Großeltern im Krieg. Die Mutter meinte es gut. Oft aber viel zu gut. *„Manchmal wurde auf den Marmorgugelhupf auch noch Butter gestrichen"*, erinnert sich Christian. Oder es gab Riesen-Wurstbrote mit kräftig Mayonnaise drauf. Sein Pech war, dass das schwere Essen leicht an seinen Hüften hängen blieb, während sein Halbbruder essen konnte, so viel er wollte, und dennoch dünn blieb. Heute ist das völlig anders. Christian schenkte Thomas nach der Fertigstellung dessen Eigenheims ein Laufband, um ihn zum Sport zu bewegen. Heute hat Christian 68 Kilogramm, sein Bruder ist mit knapp 95 Kilogramm fast dort, wo Christian war, bevor er zu laufen begann.

Auch Thomas betrieb damals keinerlei Sport. Dafür waren er und Christian große Fernsehsportler. Franz Klammer, Annemarie Moser-Pröll, aber auch die großen österreichischen Fußballspieler wie Herbert Prohaska oder Hans Krankl waren die Helden der Schiester-Buben. *„Bei den Skiübertragungen und Fußballspielen sind mein Bruder und ich gebannt vor dem Fernseher gesessen und bei Bestzeiten der Skifahrer oder Toren für Österreich haben wir auf dem Tisch getanzt. Und unseren Torschrei hat der Nachbar auch noch gehört."*

Dabei wäre Christian gerne dabei gewesen beim Fußballspiel der anderen. Und einmal, bei einem Sommerurlaub in Griechenland, erfüllte sich der damals 12-Jährige seinen größten Wunsch. Ein Paar Fußballschuhe mit Stollen. So richtige Fußballschuhe, wie sie der Krankl Hans oder der Schachner Schoko trugen! Christian war richtig stolz. In Mautern war dieser Stolz bald wieder verflogen. Bei seinem

einzigen Auftritt in der Schülerliga-Mannschaft wurde er als Verteidiger Dutzende Male vom gegnerischen Stürmer überlaufen und blamiert. Sein Team schlitterte in ein schlimmes Debakel. Die Fußballkarriere war somit beendet.

„Griechenland"

Diese Urlaube in Griechenland. Sie waren nicht nur finanziell ein Riesenaufwand. 2.000 Kilometer saßen die Buben in einem kleinen Renault zusammengepfercht auf der Rückbank. „Und wir hatten Angst um unser Leben, wenn unser Vater nach vielen Stunden Autofahrt riskant überholte, um schnell ans Ziel zu kommen. Aber es war den Aufwand wert." Die Familie Schiester blieb stets mehrere Wochen an der Ägäis, untergebracht bei Freunden. Schon damals gingen Christian und seine Familie andere Wege. Sie fuhren viel weiter weg als alle anderen im Ort. Und Christians Vater war stolz: Er, Bertram Schiester, der Bergbauernbub, der schon als Kind extrem hart und unter vielen Entbehrungen am Bauernhof arbeiten musste, er konnte sich jetzt als einer der wenigen im Ort Urlaube im Süden leisten und kam tiefbraun gebrannt zurück.

Christian hat bei diesen Urlauben seine große Liebe zum Meer entdeckt. Eine Faszination, die ihn nicht mehr losgelassen hat. Heute ist er begeisterter Segler und nützt jede Gelegenheit, an der Adria zu entspannen.

Fußballspielen war also nicht Christians Ding. Deshalb versuchte er es mit 17 Jahren mit dem Tennisspielen. Es ging ihm aber weniger um den Sport als um die gesellschaftliche Stellung im Ort. Beim Tennis, da traf sich die die Crème de la Crème. Denn Tennisspielen konnte nur, wer viel Geld hatte. Christian wollte dazugehören und trug sich mit seinem ebenfalls dicken Freund Adolf in den Klub ein. *„Es war eigentlich eine Pro-forma-Geschichte. Man hat eine Stunde hin und her gespielt und dann ist man ins Klublokal und hat sieben Bier getrunken. Aber das war mein erster richtiger Kontakt mit Sport."*

2. Ich war immer der Dicke

Christian war trotz seiner bulligen Statur ein guter Tennisspieler. Eine Karriere scheiterte aber an der Feindseligkeit des Establishments. „*Als ich im Ranglistenmatch gegen eines der langjährigen Vereinsmitglieder hätte spielen können, haben sie mich nicht antreten lassen.*" Die noblen Herren spielten lieber alleine gegen die Trainings-Wand als mit einem der Dahergelaufenen. „*Heute bin ich ihnen dafür geradezu dankbar. Aber ich denke oft daran, wie es gewesen wäre, wenn ich meinen Ehrgeiz vom Laufen ins Tennis investiert hätte.*"

Die Familie Schiester galt in Mautern als perfekt und vorbildlich, die Kinder waren wohlerzogen und grüßten freundlich, fast jeden Sonntag waren Christian und Thomas in der Kirche und taten Dienst als Ministranten am Altar. Doch das Bild von der heilen Welt hatte auch eine andere Seite. Christian und sein Halbbruder wurden sehr streng erzogen und häufig auch mit der „g'sunden Watsch'n" zurechtgewiesen. Christian verstand oft nicht einmal den Grund für die Hiebe. Es waren Maßnahmen, die der Stiefvater in der eigenen Kindheit „gelernt" hatte. Für ihn waren körperliche Züchtigungen völlig normal.

„Waterloo"

Aber es gab natürlich auch schöne Momente in Christians Kindheit. Etwa wenn er und sein Halbbruder Thomas unter dem Küchentisch mit Legosteinen oder Matador ihre Fantasie auslebten. Die Mutter hörte dabei Musik von Freddy Quinn, alte Seemannslieder, von einer leiernden Kassette. Das waren Momente, in denen Christian sich zu Hause wirklich geborgen fühlte.

Und wenn im Radio Waterloo und Robinson mit ihrem Hit „Meine kleine Welt" zu hören waren, mit dem sie 1976 beim Eurovision Song Contest Platz fünf erreicht hatten, weinte die Mutter vor Freude. Jener

Christian und der Schlagersänger Waterloo in Bad Radkersburg (2008)

Waterloo, den Christian im August 2008 persönlich kennenlernte. Waterloo – der romantische Held seiner Mutter – und Christian standen während eines Seminars in Bad Radkersburg am Murufer und philosophierten über die Welt. „Der Christian war mir auf Anhieb sympathisch, weil er ein Typ ist, der die Natur im Einklang mit sich gefunden hat", erinnert sich der Musiker. „Und Christian weiß, warum er auf der Welt ist, warum ihn Gott auf die Welt geschickt hat. Es geht nicht um Geld oder Autos oder Hightech. Es geht um die Natur und die wahre Liebe. Und das alles verbindet mich mit ihm. Wir sind Indianer – gut, dass sie noch nicht alle ausgestorben sind. Denn sie halten die Welt am Laufen, nicht die Banker oder die falsche Politik oder eine falsche Religion."

Bis er 18 war, war Christian nicht bewusst, dass Bertram Schiester gar nicht sein leiblicher Vater ist. Auf brutale Weise wurden dem Halbwüchsigen an einem trüben Tag im November 1985 im Gasthaus „Zur Traube" Kogler am Josefiplatz in Mautern die Augen geöffnet. Am Stammtisch saßen drei alte Bauern. Sie suchten einen Vierten zum Bauernschnapsen. Christian spielte gern mit den Alten, hörte gern ihre schrulligen Geschichten aus vergangenen Zeiten. An diesem Abend nicht.

Christian hatte ein fast unschlagbares Blatt in der Hand und meinte kühn: *„Männer, gegen einen echten Schiester ist heute nicht zu gewinnen!"* Die drei Männer entgegneten: „Bua, du bist ja gar kein Schiester!" Christian blieb die Luft weg, wie später nur nach einem langen Sprint aufs Gösseck. Sein Puls raste. Er ließ das gute Blatt gutes Blatt sein, rannte so schnell er konnte nach Hause und konfrontierte die Eltern mit dem, was er erfahren hatte. Das Herz schlug ihm bis zum Hals, schlug lauter als die Glocken der Pfarrkirche St. Nikolaus am Kirtag. Doch die Eltern hatten kein Interesse an der Aufklärung. *„Beide meinten, als ich vor Aufregung vor ihren Augen fast eine Flasche Whiskey getrunken hatte, dass diese Erkenntnis doch keine Bedeutung für mein vorheriges und mein weiteres Leben habe."* Christian solle sich darum nicht weiter scheren. 18 Jahre lang beherzigte er diesen Rat.

Denn erst mit 36 Jahren sollte Christian seinen leiblichen Vater treffen. Einen schmächtig gebauten, netten älteren Mann, der ihm mit Tränen in den Augen gegenüberstand. Am Hauptplatz von Leoben. Und zum Ärger des Stiefvaters und der Mutter. *„Anscheinend war ich ein Unfall. Mein leiblicher Vater und meine Mutter hatten vermutlich niemals eine wirkliche Beziehung zueinander."* Christian wurde als störend empfunden, wurde als Kleinkind zu seiner Großtante abgeschoben und dann von der Großmutter aufgezogen. Schließlich galt es damals, im Jahr 1967, geradezu als Schande, ein lediges Kind zu haben. Es war eine sehr schwere Zeit für Christians äußerst sensible Mutter Erika. Sie ging in die Schweiz, weit weg von ihrem Kind, arbeitete dort im Gastgewerbe und verdiente besser als in Österreich. Erst als die Mutter und der Stiefvater eine Wohnung kaufen konnten und Christians Halbbruder von den Zieheltern aus Graz zurückkehrte, kam es zur *„nachträglichen Familienzusammenführung“*.

„Hausbau“

Mit 19 Jahren entfloh Christian dem Druck, seinen Eltern ständig entsprechen zu müssen. „Ich bin mit meiner damaligen Freundin, einer Architekturstudentin aus Wien, einfach davongelaufen und hab' mir eine kleine Wohnung in Graz genommen. Zehn Jahre später baute er, der Ungeduldige, dem nichts schnell genug gehen kann, binnen eines Jahres und vier Tage am Eselbergweg in Mautern (wo er heute noch wohnt) sein Haus. „Wir haben Tag und Nacht dran gearbeitet. Typisch für mich.“ Die ganze Familie half mit. Stiefvater Bertram zögerte zwar und hatte anfangs Einwände gegen die etwas schwierige Hanglage des Grundstücks. Er war dann aber eine große Unterstützung für Christians Wunschtraum, unter einem eigenen Dach zu leben. Auch die Familie seiner jetzigen Lebensgefährtin Silke stand voll dahinter. Christian arbeitete viel am Bau, das schwere Heben war ungewohnt und schmerzhaft. Die Rückenschmerzen bekämpfte er mit einem Trainingslauf. Jeden Abend.

Mit 36 Jahren hatte Christian dann endgültig die Nase voll von der Ungewissheit bezüglich seiner Abstammung. Er dachte mittlerweile täglich an seinen leiblichen, aber ihm vollkommen unbekannten Vater. Über Umwege und eigene Recherchen erfuhr Christian den richtigen Namen seines Vaters. Über die gelben Seiten von Herold brachte er die Telefonnummer in Erfahrung. Ein Anruf. *„Zwei Stunden später haben wir uns getroffen. Er hat geweint. Ich auch.“* Der Kontakt besteht noch immer. Und das Treffen kam keine Sekunde zu früh. Christians leiblicher Vater ist sehr krank.

Dass er eine Halbschwester hat, eröffnete ihm der Vater nur wenige Tage später. Eine Halbschwester, die Christian wohl bekannt war: *„Jahrelang bin ich durch die Mautstelle St. Michael gefahren. Dort hat ein fesches Mädel gearbeitet. Wir haben stets freundlich geplaudert. Das ist meine Schwester.“*

Red Bull
asics
BAD
RADKERSBURG
BAUERFEIND

PEPSI
52

3. Vom Laufen und Saufen

Ob es nun eine unbewusste Trotzreaktion auf die rätselhafte Geheimniskrämerei um seinen leiblichen Vater war oder nicht: Christian ließ sich mit 18 Jahren fürchterlich gehen. Er wurde immer dicker und fauler. „Wie er sich in sein erstes Auto hantelte, werde ich nie vergessen", erinnert sich einer seiner ältesten Freunde, Hermann Schöffauer. „Der Christian musste sich an der Leiste oben anhalten, damit er ins Auto einsteigen konnte. Ein Schauspiel."

Christian arbeitete – unwillig – als Postbeamter am Schalter für Brief- und Paketannahme und sein Leben spielte sich zwischen Amt und Wirtshaus und anderen Feierlichkeiten ab. *„Meine Freunde waren damals, wie wir alle, richtige Saufkumpane. Wer am meisten vertragen hat, war der Boss."* Und der Schiester, der konnte viel vertragen! Als Rettungssanitäter beim Roten Kreuz und als Trompeter bei der Ortsmusikkapelle Mautern gab es genügend Gelegenheiten zu feiern und das zu beweisen. *„Damals war ein Sportler ein Außerirdischer in der Gesellschaft. Gezählt hat nur, wer bei den Feierlichkeiten am längsten durchhielt."* Christian war jetzt 20 Jahre alt und wollte vor allem eines: Spaß haben. Er war bekannt dafür, niemals Nein zu sagen und auch bei Wettkämpfen wie „Wer kann mehr trinken oder rauchen?" immer mittendrin zu sein. Da stand der schüchterne und verspottete Bub im Mittelpunkt. Endlich.

Aber zu welchem Preis? Christian wog mit 21 Jahren 100,7 Kilogramm, rauchte 40 Zigaretten am Tag, flüchtete jeden Abend ins Wirtshaus und freute sich aufs Wochenende, an dem er ausschlafen und sein kleines unbefriedigtes Leben verdrängen konnte. Wenn ihm im Postamt der Kugelschreiber vom Schreibtisch rollte, überlegte er, ob er ihn aufheben oder einen neuen aus der Lade nehmen sollte. Jetzt kam auch wieder der Spott dazu. „Schau dir nur deinen dicken Bauch an!", sagten die einen. „Wie kann man nur so viel in sich reinfressen und reinsaufen?", meinten die anderen. Christian tat so, als würde er sie nicht hören. Er verdrängte ihren Hohn. Aber im Unterbewusstsein wollte er nicht ausgelacht werden. Christian selbst sah sich als den gemütlichen Bären mit der Pfeife. Er war gemütlich und konnte gut zuhören, auch den jungen Frauen, ohne eine „Gefahr" zu sein. Er war der geborene Kumpel. Sein Spitzname war „Speckerl".

Christian, der sich mittlerweile im Stehen nicht mehr selbst die Socken anziehen konnte, war jetzt auf dem besten Weg, ein fetter Risikopatient zu werden. Genau das war es auch, was ihm sein Hausarzt Dr. Klaus Koroschetz bei einer Routineuntersuchung im Februar 1989 erklärte. „Wenn du so weitersäufst, wirst du schon mit 30 Jahren Herzprobleme haben. So wirst du nicht alt werden. Du hast einen extrem hohen Körperfettan-

Christian beim Kalwanger Marktlauf im Oktober 1991 (also nur ein Jahr nach dem New-York-Marathon), bei dem er als Dritter ins Ziel kam.

teil, den wir unbedingt senken müssen.“ Weil sein sportlicher Nachbar Wolfgang Hirt ein guter Läufer war, wollte es ihm Christian nachmachen und kaufte sich einen Laufschuh, der zehn Prozent seines damaligen Monatsgehalts ausmachte. Den Schuh hat er heute noch. Wie jedes andere seiner bisher 200 Paar Laufschuhe.

Schon beim ersten Versuch, etwas flotter zu gehen, schnellte Christians Puls auf 200 Schläge pro Minute und das Blut rauschte durch seinen Kopf und lärmte wie ein Presslufthammer. *„Es war ein Horror. Ich war schwach und nicht belastbar.“* Aber Christian war zäh. Entweder – oder. Dazwischen gab und gibt es nach wie vor nichts. Christian versuchte es weiter und ging nach Dienst „trainieren“. Seine Freunde reagierten geradezu verstört und wollten ihn an den Wirtshaustisch zurückholen, den Christian jetzt immer mehr mied. „Er hat uns gesagt, er geht jetzt laufen. Das war anfangs die totale Lachnummer“, erinnert sich Hermann Schöffauer. „Christian ist losgestartet und nach ein paar Hundert Metern hat er von einer Telefonzelle aus angerufen, dass ihn der Vater holt. Da wäre er fast zusammengebrochen.“

Und auch das erste Rennen, das Christian bestritt, war wahrhaftig kein Signal zum Weitermachen: Im Juni 1989, mit 22 Jahren, ging Christian – noch immer schwer übergewichtig – beim Bergmannslauf in Mautern an den Start. *„Viele Zuschauer am Hauptplatz konnten es nicht glauben, dass ich dahertrample und keuchend eine weitere Runde wanke.“* Er hörte zum einen den Jubel, spürte aber auch das Unverständnis jener, die ihn wieder einmal belächelten. Und sie sollten recht behalten. Nach acht Kilometern, an einer versteckten Stelle nahe dem Fußballplatz, war Christian mit Franz Fritz von der Bergrettung alleine. Seine Beine versagten wie morsches Holz im Dauerregen, er sackte zusammen und fiel bewusstlos ins Gras. „Wennst saufen kannst, kannst lauf'n a!“, lachte der Bergretter. Christian rappelte sich hoch, schleppte sich aber über Schleichwege enttäuscht und voller Scham und grübelnd nach Hause. Bis ins Ziel wären es nur noch zwei Kilometer gewesen. Er hatte für acht Kilometer etwas mehr als eine Stunde gebraucht. Eine kürzere Distanz machte ihm nie wieder zu schaffen – bis zum qualvollen „Jungle Marathon“ viele Jahre später.

„Herr Moisi“

Die Geschichte mit dem Herrn Moisi. Bei seinen Trainingsläufen in Mautern begegnete Christian immer wieder dem Herrn Moisi und seinem Traktor. Da der Herr Moisi das, was der dicke Schiester da tat, für verrückt hielt, zeigte er ihm regelmäßig und mit einem Lachen im Gesicht den Vogel. Christians Rache war schmerzhaft. „Einmal ist er über die Wiese gefahren mit seinem Traktor und ich wusste, da gibt es ein Nest von Erdwespen, die sich in

Erdlöcher eingraben." Als sich die Wege von Läufer und Traktor dort eines Tages kreuzten, trampelte Christian mit den Füßen, um die Wespen aufzurütteln, und rannte dann im Sprint direkt beim Traktor vorbei. „Der Moisi hat seinen Hut heruntergerissen und versucht, die Wespen zu verscheuchen. Aber vier oder fünf haben ihn gestochen. Ein paar Jahre später hab ich ihn beim Almabtrieb getroffen und er hat gesagt: Das war ein guter Rachefeldzug. Mit dem habe ich wirklich nicht gerechnet."

Einen Monat später ergab sich in Bad Mitterndorf die nächste Gelegenheit, an einem Rennen teilzunehmen. „Ich habe mir gedacht: Wenn ich beim ersten Rennen bei acht Kilometern umgefallen bin, muss ich bloß eine kürzere Distanz rennen, um ins Ziel zu kommen." Der Sonnwendlauf führte über sieben Kilometer und Christian lieferte sich einen heißen Zielsprint gegen einen damals 70-jährigen Mann – und verlor ihn. Christian belegte Rang 149, in 41:17 Minuten. *„Das würd' ich heute auch noch in Gummistiefeln unterbieten. Aber das Gefühl, die Finisher-Medaille zu bekommen, war einzigartig. Sie lag dann lange auf meinem Nachtkästchen und ich schaute sie mir immer wieder vor dem Einschlafen stolz an."* Christian hatte mittlerweile gewaltig abgespeckt und sein Gewicht auf 93 Kilogramm gedrückt. Das Gefühl, endlich einmal nicht als Versager dazustehen, stärkte seine Psyche. Er lief jetzt jeden Tag. Er maß sich am Wochenende mit anderen bei Volksläufen. Und er spürte, dass er sich nicht mit Mittelmaß zufriedengeben würde. Niemals.

Der New-York-Marathon am 4. November 1990, nur eineinhalb Jahre nach dem peinlichen Kollaps beim Mauterner Bergmannslauf, war trotz des Blackouts im Central Park der Beweis: Von Christians Zeit bei seiner Marathon-Premiere, 3:02:36 und Platz 952, träumen die meisten Läufer auch noch nach Jahren harten Trainings. Denn Christian war ein Talent. Vielleicht sogar ein Supertalent. Den Wien-Marathon 1991 lief er bereits unter drei Stunden, in 2:55, in Athen war er, den jetzt in Mautern niemand mehr abschätzig „Speckerl" nannte, nur noch 2:45 Stunden unterwegs und 1993 knallte Christian in Graz in 2:29:07 seine ewige Marathonbestzeit auf den Asphalt. Sein langjähriger Wegbegleiter Kurt Mayer, dessen heilenden Händen sich Christian nach wie vor anvertraut, lernte den Schiester 1992 beim Stadtlauf in Trofaiach kennen und meinte schon damals: „Du bist ein Rohdiamant."

„Obst und Gemüse"

Christian flüchtete nach Dr. Koroschetz' Diagnose am Aschermittwoch 1989 in eine extreme Fastenzeit: 40 Tage lang nur rohes Obst und rohes Gemüse, kein Brot, keine Milch, kein Fleisch, keine Schokolade, kein Alkohol, keine

Von rechts: Zieleinlauf beim Rottenmanner Adventure Race (1997), Finish beim Grazer Halbmarathon (1992), Stadtlauf Feldbach (1995), Steirische 10.000-m-Meisterschaft in Leibnitz (1994).

Zigaretten. „Ich hab' mir gedacht, dass alles, was wächst, gut ist für mich." Christian verlor 14 Kilo, wog jetzt nur noch 86 kg. Am Karsamstag, nach der Ostermesse, konnte Christian dann aber nicht mehr: „Ich hab' mehr als ein Kilogramm Fleisch gegessen und beim Osterfeuer völlig haltlos zehn Bier in mich hineingeschüttet." Die 14 Kilogramm waren rasch wieder angelegt. Doch Christian verschrieb sich neuerlich dem Verzicht. „Dieses Mal in Verbindung mit Bewegung. Das hat funktioniert."

Dazwischen und danach lagen Hunderte Volksläufe, 3.000-, 5.000- und 10.000 m-Meisterschaften auf der Bahn-, Cross- und Straßenrennen und vor allem Bergläufe. 26 Mal wurde Christian Steirischer Meister, zwei Mal Österreichischer Meister mit der Mannschaft des KSV Kapfenberg, weiters holte er die Bronzemedaille bei den Staatsmeisterschaften 1998 im Halbmarathon in der Einzelwertung.

„Meine Lieblingsdistanz war eigentlich immer der Halbmarathon. Bestzeit 1:07:40, 1998 in Wels." 1992 wurde Christian Steirischer Halbmarathonmeister. Und zwar der Erste überhaupt – denn davor war immer die 25-km-Distanz gelaufen worden. Ab sofort waren die klassischen und weltweit anerkannten 21,09 Kilometer gefordert.

Und als er im Oktober 1992 beim Halbmarathon in Graz sein Vorbild Karl Zisser, langjähriger Dominator der steirischen Laufszene, hinter sich ließ, hatte es Christian endgültig auch sich selbst bewiesen. Die Zeit schien reif, nach Höherem zu streben. Christian wurde für ein Jahr Profiläufer, unterstützt von Red Bull.

Christian setzte alles auf eine Karte. Er nahm unbezahlten Karenzurlaub. Er mietete sich in eine 42-Quadratmeter-Wohnung ein und wurde dabei von seinem Stiefvater Bertram finanziell unterstützt. Dieser hatte ihn zwar anfangs belächelt, dann aber als Erster erkannt, dass es an der Zeit war, an das schier Unmögliche im Sport zu glauben. *„Dafür bin ich ihm heute noch unendlich dankbar. Er wurde mein erster und größter Fan und war als Betreuer bei vielen Wettkämpfen dabei."*

Christian trainierte dreimal am Tag. Er suchte sich nur Läufe aus dem Veranstaltungskalender, bei denen Preisgeld zu gewinnen war. Und er gewann. Nach diesem einen Jahr wollte Christian bei der Post um eine Dienstklasse von C auf D zurückgereiht werden, um Briefträger zu werden und weiterhin Zeit für das intensive Training zu haben.

Diesen Vorschlag lehnte der damalige Postpräsident Dr. Stütz mit den Worten ab: „Tut mir leid, aber Ihr sportliches Hobby können wir damit nicht unterstützen. Besser, Sie konzentrieren sich auf Ihre Arbeit bei der Post!" Christian hatte endgültig genug von seinem alten Job und füllte spontan im benachbarten Büro der Postgewerkschaft sein Kündigungsformular aus. *„Darüber bin ich heute noch sehr froh. Mit Sicherheit wäre ich niemals ein guter Staatsbeamter geworden."* Am 1. Jänner 1994 begann er im Außendienst von „Alpenschild Gebell". Dort war Christian mit dem Vertrieb von Verkehrssicherheitsprodukten wie Verkehrszeichen, Ampeln oder Absperrmaterialien beschäftigt.

Christians Selbstvertrauen war zu dieser Zeit schier unendlich: *„Nach dem Sieg über den Berglaufstaatsmeister Karl Zisser hatte ich keinen Respekt mehr, vor keinem meiner Gegner. Ich wusste, dass ich fast jeden in Österreich schlagen konnte. Ein tolles Gefühl."* Mit den Erfolgen kamen die Neider. Und Feinde hatte er. Für viele in der Laufszene war „der Schiester" ein Emporkömmling, der aus dem Nichts gekommen war und am besten auch dorthin wieder verschwinden sollte. *„Doping war ja damals kein Thema. Aber heute würden alle wahrscheinlich sagen: Da kommt einer daher und hat etwas geschluckt."* Und für die Leute in Mautern war Christian jetzt der „Außerirdische", ein Spinner, der vor irgendetwas davonlief. Oder lief er auch ins Rampenlicht, um schon damals seinen leibhaftigen Vater auf sich aufmerksam zu machen?

3 Vom Laufen und Saufen

asics

4 „Lebenslänglich" für Dopingsünder!

Für Doping im Sport gibt es noch ein anderes zulässiges Wort: Betrug. Betrug am Konkurrenten, Betrug am Sport an sich, Betrug an den Sponsoren, an den Zuschauern, Betrug an der Familie – aber noch viel schwerwiegender: Betrug an sich selbst. Und genau den will Christian nicht begehen. *„Der äthiopische Wunderläufer Haile Gebrselassie hat nach sämtlichen Weltrekorden, die er gelaufen ist, immer gesagt: ‚Du kannst die ganze Welt belügen. Aber nicht dich selbst'. Das ist die Wahrheit. Irgendwann in deinem Leben musst du Bilanz ziehen und in den Spiegel schauen, und dann kommt die Wahrheit ans Licht."*

X-Mal wurde Christian während der vielen, vielen Rennen getestet. Und x-Mal gab es Trainingskontrollen. Das Ergebnis: negativ. Beim Marathon des Sables konnte man es kaum glauben, dass ein Österreicher ohne verbotene Hilfsmittel im Spitzenfeld mitlief – und ließ ihn in einer Woche gleich vier Mal antreten! Ergebnis: jedes Mal negativ.

Aber Christian ist selbst das noch zu wenig: *„Es sollte noch mehr Kontrollen geben, bis die letzten Wahnsinnigen aussterben. Erst dann kann der Sport wieder sauber werden."* Und: *„Es sollte keine Gnade geben. Es ist eine Sauerei, wenn man sich anschaut, wie die breite Masse hinters Licht geführt wird, und dann setzt sich einer vor die Kamera und bricht in Tränen aus und tut so, als wäre er der Arme. Als wäre er das Opfer. Es sollte noch härtere Strafen geben. Für mich gibt es nur eines: eine lebenslängliche Sperre."*

Und was ein Gerechtigkeitsfanatiker wie Christian (*„ich stehe zu jeder Tages- und Nachtzeit für Kontrollen zur Verfügung"*) gar nicht verträgt, ist die Heuchelei bis zum Exzess, anstatt gentlemanlike dazu zu stehen, wenn man erwischt wird: *„Der Wahnsinn ist, dass jeder Dopingsünder zunächst versucht, den Mantel der Unwissenheit über das Ganze zu stülpen. Aber es gibt in dieser Causa keine Unwissenheit. Wenn ich zu meinem Hausarzt gehe, um mir ein Mittel gegen Halsschmerzen verschreiben zu lassen, dann gibt er mir gar kein Medikament, das auf der Dopingliste steht. Man geht ganz einfach auf www.nada.at, gibt den Namen des Medikaments ein und wenn der auf der Liste steht, dann darfst du es nicht nehmen. Es gibt also aus meiner Sicht keinen halbwegs intelligenten, normal denkenden Menschen, der unwissentlich zu Doping greift."*

Die Website www.nada.at ist jene der nationalen Anti-Doping-Agentur in Österreich. Unter dem Menüpunkt „Medizin" gibt es die Möglichkeit der Medikamenten-Abfrage. Arzneien, die verbotene Substanzen enthalten, sind mit einem knallroten Stoppschild gekennzeichnet und nicht zu übersehen. Das ist genauso einfach oder sogar noch leichter als die Fahrplanabfrage auf der Website der Österreichischen Bundesbahn (ÖBB) oder die Online-Bestellung einer Pizza.

4 „Lebenslänglich“ für Dopingsünder!

Aber warum wird immer weiter gedopt und betrogen? Warum kommen immer wieder neue Mittel auf den Markt? Warum setzt sich ein Sportler dem seelischen Druck, erwischt zu werden, aus? *„Leider lässt sich der Mensch durch die Philosophie, noch erfolgreicher zu sein, noch reicher werden zu wollen, verleiten.“* Mit Doping ist Christian konfrontiert, seit er mit dem Laufen begonnen hat. *„Anfang der Neunziger hat es immer das Gerücht gegeben, dass ein 100-m-Läufer kurz vor dem Start einen Liter schwarzen Kaffee trinkt, damit er gleich nach dem Startschuss mit hohem Puls wegrennen kann. Das ist natürlich auch Wahnsinn. Aber jetzt spielt Geld eine große Rolle. Da sind Summen im Spiel, dass manchem Sportler gar nicht mehr bewusst ist, welcher Rattenschwanz da hinten dran hängt und wie er diesen Rattenschwanz noch füttern kann. Wenn du gewinnst, hast du viele Leute an deiner Seite. Wenn du verlierst, weißt du, wer deine echten Freunde sind.“*

Aber es geht nicht bloß ums Geld. Es geht auch um die eigene Gesundheit. Die Todesfälle der US-Sprinterin Florence Griffith-Joyner und des italienischen Rad-Stars Marco Pantani (siehe Kasten „Dopingfälle) werden von Experten in Zusammenhang mit Doping gesehen, die deutsche Siebenkämpferin Birgit Dressel starb 1987 an einem so genannten „allergischen Schock“: Bei der Obduktion wiesen die Ärzte 101 (!) Medikamente in ihrem Körper nach, darunter Anabolika.

Christian: *„Wenn ich in meinen Rennen unterwegs bin, dann seh' ich, wie der Professor Haber einmal gesagt hat, eine riesige Vollmondscheibe über mir und auf die laufe ich zu. Und wenn es das Letzte auf der Welt ist, was ich tu', dann ist es eben so. Beim Doping wird es ähnlich sein. Der Dopingsünder sagt sich, jetzt steck' ich sowieso schon so tief im Sumpf drinnen, egal ob ich jetzt weitermach' oder nicht, ich geh sowieso unter. Das heißt, es ist völlig egal. Dann geht er halt drauf.“ Christian nennt Grifftith-Joyner und Pantani, aber auch den ehemaligen österreichischen Tennisprofi Horst Skoff. „Ich bin mir nicht sicher, ob dieser Horst Skoff, obwohl er dann fettleibig geworden ist, es verdient hatte, so zu sterben. Oder Pantani. Oder Griffith-Joyner. Das sind Dramen. Aber wenn man beginnt, mit dem Feuer herumzuzündeln, dann muss man damit rechnen, dass man sich verbrennt.“*

Und der Körper verzeiht und vergisst nichts. Nimmt ein Sportler während der Karriere Medikamente, die der Intensivmedizin zuzuordnen sind, kann es später zu schwerwiegenden Problemen kommen: *„Der Körper sagt: Bursche, du hast mir Mittel reingestopft, die ich eigentlich erst bräuchte, wenn ich wirklich schwer krank bin. Aber dann wirken sie nicht mehr. Der Körper wird auf die Dauer immun gegen diese Mittel. Sie greifen dann nicht mehr. Das ist die Watschn, die du dir später einfängst.“* Eine Ohrfeige, die tödlich enden kann.

4 „Lebenslänglich“ für Dopingsünder!

Training für den „Marathon des Sables“ mit voller Ausrüstung, Mautern (2002). Mountainbike-Training am Gardasee (re.).

Christian hat versucht, seinen Namen aus Doping-Angelegenheiten stets herauszuhalten. Einmal ist es ihm nicht ganz gelungen. Als er vom „Himalaya Stage Race“ aus Indien zurückkehrte, rankten sich um seinen Verein wilde Gerüchte, ausgelöst durch einen Zeitungsartikel, in dem ein von den Vereinsmitgliedern angeblich selbst entwickeltes Getränk als „geheime Wunderwaffe zum Sieg“ bezeichnet wurde. *„Es wurde geschrieben, dass der Verein jetzt über ein Wundergetränk verfüge, man aber nicht genau sagen wolle, was es ist. Ich hab' gesagt, sie können doch so einen Blödsinn nicht in die Zeitung geben und sollen die Sachen auf den Tisch legen und dafür gradestehen. Ich hatte nie mit dem Zeug etwas zu tun und wurde mit der Wäsche gleich mitgewaschen.“* Den Schleudergang machte Christian allerdings nicht mehr mit. Er trat mit sofortiger Wirkung aus dem Verein aus. *„Ich hüte mich davor, weil Doping auch mit einem Blödsinn passieren kann. Aber diesen Blödsinn muss man verhindern, indem man genau schaut, was man trinkt und isst. Ich sitze da auf dem Präsentierteller, weil ich durch meine Leistungen provoziere. Es gibt viele, die mich mit einem breiten Grinsen im Gesicht in eine Dopingfalle tappen sehen würden. Aber ich bin sauber. Ich nehme nichts. Das sagt natürlich jeder. Aber ich weiß, was die Wahrheit ist. Und ich bin oft genug kontrolliert worden. Das ist eine Sache, die jeder mit sich selbst ausmachen muss.“*

Stundenlanges Schwimmtraining in Bad Radkersburg, die „aktive Regeneration“.

„Dopingfälle"

Von 1886 bis heute – die Liste der Dopingsünder liest sich wie ein Who is Who des Sports: Von Ben Johnson über Diego Maradona bis hin zu Jan Ullrich und Marion Jones (Quellen: focus.de, stern.de, sportgericht.de, kurier.at, drugcom.de).

1886 gibt es den ersten Dopingtoten: Beim Radrennen Bordeaux-Paris stirbt Arthur Lynton vermutlich an einer Überdosis Koffein.

1960 – das erste olympische Dopingopfer: Der dänische Radrennfahrer Knut Jensen fällt tot vom Rad. Todesursache: Amphetamine.

1967, 13. Juli – der englische Radprofi Tom Simpson kann sich bei der Tour de France am Mount Ventoux kaum mehr auf dem Rad halten. Sein Betreuer hilft ihm aus dem Sattel. Simpson kollabiert. Er stirbt wenige Stunden später im Krankenhaus von Avignon. Todesursache Herzversagen. Bei der Obduktion findet man eine Mischung aus Amphetaminen und Alkohol.

1986 – schon als Teenager nahm Heidi Krieger aus der ehemaligen DDR in Alufolie verpackte Tabletten ein, die sie von ihrem Trainer bekam. Anabolika und Testosteron machten aus der Kugelstoß-Europameisterin von 1986 schließlich durch eine Geschlechtsumwandlung Andreas Krieger.

1987 – die deutsche Weltklasse-Siebenkämpferin Birgit Dressel stirbt an einem „allergischen Schock". Ihr Körper gleicht bei der Obduktion einem Arzneischrank: Die Ärzte konnten 101 Medikamente nachweisen, darunter Anabolika.

1988 – bei den Olympischen Sommerspielen in Seoul wird der kanadische Sprinter Ben Johnson nach seinem Sieg über 100 m positiv auf Anabolika (Stanozol) getestet und disqualifiziert.

1993 – Österreichs Sprint-Rekordmann Andreas Berger (sein Rekord über 100 m hat noch heute Bestand) wird im Juli der Einnahme von Methandienon überführt und gesperrt.

1994 – Fußball-Weltmeister Diego Maradona wird während der WM in den USA die Einnahme von Ephedrin nachgewiesen und von der WM ausgeschlos-

sen. Unvergesslich sein völlig irrer Torjubel im Spiel gegen Griechenland, als er mit weit aufgerissenen Augen auf eine Kamera zulief.

1997 – Skispringer Andreas Goldberger gesteht im April den einmaligen Konsum von Kokain und wird von der ÖSV-Disziplinarkommission für sechs Monate gesperrt.

1998 – die mehrfache Sprint-Olympiasiegerin Florence Griffith-Joyner stirbt an einem Herzversagen im Alter von nur 38 Jahren. Ihre Weltrekorde über 100 und 200 Meter bestehen noch heute. Obwohl es nie bewiesen wurde, gehen Experten im Zusammenhang mit ihrem Tod von Anabolika-Missbrauch aus.

1999 – bei einer Dopingkontrolle wird der deutsche Lang- und Mittelstreckenläufer Dieter Baumann positiv auf den Wirkstoff Nandrolon getestet. Bei der Verhandlung vor dem Deutschen Leichtathletik-Verband wird er aufgrund der Funde von Norandrostendion in seiner Zahnpasta und eingereichten Haarproben ohne Befund freigesprochen. Der Weltverband IAAF anerkennt diesen Freispruch jedoch nicht und sperrt Baumann am 18. September 2000 bis zum 21. Jänner 2002.

2004 – der Radprofi Marco Pantani stirbt am 14. Februar in einem Hotelzimmer nach einer Überdosis Kokain an Herzversagen in Verbindung mit einem Hirn- und Lungenödem. Der Tour-de-France-Sieger von 1998 wurde beim Giro d'Italia 1999 wegen eines auf die verbotene Substanz Erythropoietin (besser bekannt unter EPO) hinweisenden Mittels disqualifiziert.

2006 – Jan Ullrich, Ivan Basso und Francisco Mancebo, die zum Favoritenkreis für die Tour de France zählen, werden wenige Tage vor dem Start ausgeschlossen. Ihre Namen waren im Zusammenhang mit den Untersuchungen wegen Dopingpraktiken gegen den spanischen Arzt Eufemio Fuentes aufgetaucht.
Dem späteren Tour-de-France-Sieger Floyd Landis wird 2007 dieser Erfolg aberkannt. In mehreren B-Proben, die erst 2007 analysiert wurden, war künstliches Testosteron gefunden worden. Landis' Einspruch wird vom internationalen Sport-Gerichtshof abgelehnt.

2006 – bei den Olympischen Winterspielen in Turin werden die österreichischen Biathleten und Langläufer Wolfgang Perner, Wolfgang Rottmann, Martin Tauber, Jürgen Pinter, Johannes Eder und Roland Diethart bei einer Doping-Razzia der italienischen Polizei erwischt. In ihren Unterkünften findet man Spritzen, Ampullen, Infusionsnadeln und verbotene Substanzen wie Albumin. Sie werden lebenslänglich für Olympia gesperrt.

2007 – vor einem Gericht gesteht Marion Jones den Gebrauch von THG (Tetrahydrogestrinon) im Vorfeld der Olympischen Sommerspiele 2000 in Sydney. Die fünf Olympiamedaillen gibt die Sprinterin zurück. Gegen eine zweijährige Sperre erhebt sie keinen Einspruch.

2008 – Österreichs Hürdensprinter Elmar Lichtenegger wird nach 2003 zum zweiten Mal positiv gestestet. Substanz: wieder Nandrolon. Er wird lebenslänglich gesperrt.

2008 – Tour-de-France-Bergkönig Bernhard Kohl wird der Einnahme der verbotenen, leistungssteigernden Substanz CERA überführt. Er wird für zwei Jahre gesperrt. Während der Tour de France tappen auch Manuel Beltrán, Moisés Dueñas Nevado, Riccardo Ricci, Dimitri Fofonow und Leonardo Piepoli in das Netz der Dopingfahnder.

2008 – die österreichische Langstreckenläuferin Susanne Pumper wird in der A- und B-Probe positiv auf EPO getestet. Sie selbst bezeichnet sich als unschuldig und will gerichtlich eine drohende Sperre von zwei Jahren bekämpfen.

2008 – in der A- und B-Probe der österreichischen Triathletin Lisa Hütthaler findet sich EPO. Sie wird für zwei Jahre gesperrt. Außerdem ermittelt die Staatsanwaltschaft gegen sie wegen versuchter Bestechung.

STADTWERKE
KOLLAND
asics
DISTRIBUTED BY ATOMIC
1

5 Marathon des Sables 2003: Durch die Hölle ...

Wüsten-Simulation in der Sauna à la Schiester: Radfahren bei bis zu 87 Grad Celsius!

Schon New York, die imposante Großstadt, hatte Christian einen totalen Kick gegeben. *„Das hat mich nach vorne gehaut. Ich Dodel wäre ohne das Laufen nie dorthin gekommen. Niemand konnte ja 1991 damit rechnen, dass die Welt durch die Technik so zusammenwächst und dass die Preise derart runtergehen."* Für den Flug nach New York blätterte Christian satte 25.000 Schilling (rund 1.800 Euro) hin. Das waren damals zwei Monatsgehälter des Postbeamten Schiester. Und bei seiner Rückkehr fragten ihn die Leute im Ort aus wie einen Weltreisenden: Wie hoch sind dort die Häuser? Sind die New Yorker Polizisten wirklich Tag und Nacht mit brüllenden Sirenen unterwegs? Wie ist das Gefühl, einen Schwarzen zu sehen? *„Das alles war wie ein Zünder. Die Leute wollten plötzlich etwas wissen von mir."* Von ihm, den sie in der Schule und in der Jugend verspottet hatten, den sie im Tennisklub geschnitten und bei seinen ersten Laufversuchen belächelt hatten. Christian war jetzt reif für neue, größere Ziele.

Im Sommer 2001 saßen Christian und sein Freund Franz Gruber mit einem kühlen Krügel Bier bei einem Sommerkonzert der Ortsmusik am Badesee in Wald am Schoberpass. Diskutiert wurde einerseits über Naturschönheiten auf der ganzen Welt (von denen vor allem der Franz, der begnadete Bergsteiger, träumte) und andererseits über den „Wahnsinn Volkslauf", der Christian in den Jahren zuvor so geprägt hatte. Christian hatte längst die Nase voll vom üblichen immer wieder kehrenden Verhaltensmuster bei Volksläufen und anderen Rennen am Wochenende und Erfolgen, die eigentlich von keinerlei Bedeutung waren. Und er hatte auch die Nase voll von der österreichischen Laufszene. Christian suchte längst nach einem „Kick Out", um sich daraus zu verabschieden.

Christian hatte im aktuellen Laufsportmagazin von einer Veranstaltung namens „Marathon des Sables" gelesen, ein sechstägiges Rennen durch die marokkanische Sahara. *„Hey Chri, nimmst mich mit? Ich werde zwar weit hinter dir sein, aber du wartest sicher im Ziel auf mich"*, sagte der Franz. Geplant war, gemeinsam durch die Wüste zu wandern, für eine Woche auszusteigen aus dem üblichen Trott, gedanklich und körperlich völlig neue Wege zu gehen und gemeinsam die Entschleunigung des Lebens in der Wüste zu erleben. Es sollte ganz anders kommen. Am 17. März 2002 verunglückte Franz Gruber bei einer Solo-Skitour auf dem Großen Schober tödlich.

„Mein Freund Franz"

Franz Gruber war der Ehemann von Barbara Gruber, der Cousine von Schiesters Lebenspartnerin Silke. Er war ein exzellenter Skilangläufer und zeigte Christian, wie man richtig skatet. Und er lachte nur, als ihm der Schüler nach wenigen Minuten in der neu erlernten Technik enteilte. Christians zweiter Sohn Fabio Franz wurde nach ihm benannt. Barbara Gruber und deren Tochter Marie-Theres sind seine Taufpatinnen. Am 17. März 2002 herrschte Kaiserwetter über Mautern – und genug Schnee gab es auch noch. Franz rief Christian am 16. März an und wollte für den nächsten Tag eine Ski-

tour ausmachen. Doch Christian hatte Arbeit mit seinem Motorboot in der Garage. Franz ging alleine auf den Großen Schober. Er war ein sehr guter Skifahrer und im Gelände geschickt wie kein anderer im Ort. Und er bewegte sich in „seinem" Revier, denn er hatte auf der Schwarzbeeralm als Jäger eine eigene Almhütte.
Und trotzdem passierte es. Franz Gruber stürzte gegen einen – wie es Christian ausdrückte – „lächerlich dünnen Baumstamm", wurde dabei aber derart unglücklich im Beckenbereich verletzt, dass er nach stundenlangem Warten auf den Hubschrauber trotz Notoperation in den Armen seiner Frau verstarb.
Christian erfuhr von dem Unglück, als er in seiner Garage am Motorboot arbeitete. Franz' Vater rief an und bat um die Telefonnummer von Christians Schwager Didi, der bei der Bergrettung war. Franz hielt selbst Kontakt mit den Verwandten per Handy – bis der Akku leer war.
Christian war damals noch fest davon überzeugt, dass alles gut enden werde. Franz' Tod war ein Schock. „Er lag im Schnee und hat wohl noch mal sein Leben vorbeiziehen lassen."
Christian brauchte lange, bis er danach erstmals wieder zur Unfallstelle aufbrach. Seine Bergkameraden haben dort ein kleines Denkmal errichtet.

Für Christian war es zugleich ein Schock und ein Ansporn, weiterzumachen. Und Christian korrigierte das Ziel: Durch die Wüste wandern? Alleine? „Wenn du allein bist, solltest du es so schnell wie möglich hinter dich bringen." Ein Motto, das auch viel mehr einem seiner ausgeprägtesten Charakterzüge entspricht: Christian ist ungeduldig. Extrem ungeduldig. *„Ich habe schon an Franz' Grab geschworen, dass ich nun durch diese verdammte Sahara alleine rennen werde. So schnell ich kann. Und dass ich im Ziel eine Flasche mit Sand füllen werde."* Jenen Sand, den er im April 2003 über der Ruhestätte des Freundes verstreuen sollte.

Christian hatte mittlerweile mehr als 300 Rennen in den Beinen. Und er hatte auch große Rennen gewonnen. Aber im Vergleich zu einem Extrem-Marathon wie jenem in der Sahara waren das gemütliche Sonntagnachmittagsspaziergänge. *„Bei diesen Extremläufen ticken die Uhren anders."* Und ganz besonders beim „Marathon des Sables". Allein das Regelwerk ist so dick wie eine durchschnittliche Diplomarbeit. Die Läufer tragen ihre persönliche Ausrüstung und Verpflegung für das gesamte Rennen in einem Rucksack mit sich. Der Veranstalter stellt nur rund zehn Liter Wasser pro Tag und Berberzelte für die Nacht zur Verfügung. Fremde Hilfe oder Nahrung von einem anderen Läufer darf nicht angenommen werden und wird sofort mit Strafminuten oder einer Disqualifikation sanktioniert. Wer eine leere Wasserflasche wegwirft, wird bestraft. Die Flaschen werden mit den Startnummern der Teilnehmer gekennzeichnet, um die Rückgabe bei den Checkpoints zu kontrollieren.

Die Temperatur erreicht tagsüber 50 Grad Celsius, nachts kühlt es auf Temperaturen um den Gefrierpunkt ab. Eine Tortur für den nach den vielen Laufkilometern ohnehin angeschlagenen Körper. Dazu gibt es Skorpione und Schlangen. Und Christian hatte panische Angst vor Schlangen.

Der dramatischste Zwischenfall beim „Marathon des Sables", der seit 1986 vom Franzosen Patrick Bauer in großem Stil in Marokko organisiert wird, ereignete sich im Jahr 1994. Der Italiener Mauro Prosperi verirrte sich in einem Sandsturm und wurde trotz einer groß angelegten Suchaktion erst nach neun Tagen, 200 Kilometer von der eigentlichen Strecke entfernt und um 15 Kilogramm abgemagert, in Algerien von Nomaden gefunden und gerettet.

Der „Marathon des Sables", das war etwas ganz anderes als ein Marathon in New York oder Graz. Und Christian sollte dort lernen: *„Ein Rennen wie dieses, das ist der Kampf gegen die, beziehungsweise besser, mit der Natur. Ich habe erkannt, dass man sich niemals gegen die Natur wenden kann. Denn wenn du diesen Fehler machst, bringt sie dich um."*

Christian begann akribisch, sich auf die zu erwartenden Extreme in der Natur einzustellen. Im Winter 2002/03 verbrachte er mehrere Nächte in einem selbst gegrabenen Schneeloch auf 1.900 Metern Höhe. Sinn der ungewöhnlichen Übung: *„Ich muss mich dran gewöhnen, auch bei unwirtlichen Bedingungen zu schlafen. Wenn du nachts nicht regenerierst, kannst du am nächsten Tag nicht laufen."* Mit Skiern, Gaskocher, Kerzen, zwei superdicken Schlafsäcken und Lawinenschaufel zog sich Christian im Jänner 2003 erstmals auf den Mitterkogel zurück. Das Schneeloch vereiste er mithilfe der Kerzen. Er erlebte eine pickelharte Nacht mit Temperaturen von minus 22 Grad. *„Ich konnte kaum schlafen und hab' die ganze Nacht nur Tee gekocht. Und irgendwann fängst du auch zu spinnen an: Was, wenn jetzt eine Lawine abgeht?"*

Mental gestärkt fuhr Christian vom Berg. Er absolvierte am selben Tag noch zwei zweistündige Trainingseinheiten.

Bei seiner zweiten Schneeloch-Übernachtung, einige Tage später, wurde es selbst Christian zu mulmig. Nach einer Minus-20-Grad-Nacht brach er sein Lager ab – die Lawinengefahr war zu groß. *„Mit dem Fernglas hab ich auf den benachbarten Gipfeln beobachtet, wie die Lawinen reihenweise abgegangen sind."* Am selben Tag kamen zwei Tourengeher am „Seckauer Zinken" ums Leben.

Die Hitze simulierte er in der hauseigenen Sauna. Stundenlang trat Christian bei 87 Grad Celsius in die Pedale. Sein Lauftrainingspensum hatte er mittlerweile auf 1.000 Kilometer pro Monat geschraubt. Das sind 30 Kilometer pro Tag. Im Schnitt brauchte er pro Kilometer 4:15 Minuten. Im Training. Damit hätte er den klassischen Marathon in rund drei Stunden laufen können.

Sein Tagesablauf etwa zweieinhalb Monate vor dem Start zum „Marathon des Sables" am 6. April 2003: 5.00 Uhr aufstehen. 45 Minuten Ergometertraining. Danach Frühstück mit Vollkorngebäck, Butter, Honig, Fruchtsaft. Um 7.00 Uhr Dienstbeginn – Christian arbeitete mittlerweile im Außendienst für „Alpenschild Gebell". 12.00 Uhr Mittags-„Pause" mit einer drei- bis fünfstündigen Laufeinheit. Danach arbeitete er in seinem Büro zu Hause bis 22.00 Uhr. *„Und dann ab ins Bett, denn sieben Stunden Schlaf sind notwendig!"*

An Spitzentagen lief Christian bis zu 70 Kilometer – am Stück. Von einem dieser Tage ist gegen 17.30 Uhr abends ein geradezu legendäres Telefonat mit seinem Medienbetreuer vom Redaktions- und PR-Büro Union Wagner in Wien – und zugleich dem Autor dieses Buchs – im Originalwortlaut erhalten:

Medwedeff: *„Hi, Christian, was gibt's Neues?"*
Schiester (keuchend): *„Lauft eh alles gut."*
Medwedeff: *„Wieso schnaufst denn so?"*
Schiester (keuchend): *„Bin unterwegs."*
Medwedeff: *„Laufen?"*
Schiester (keuchend): *„Seit elf Uhr vormittags."*
Medwedeff: *„Seit, äh, wann?"*
Schiester: *„Elf. Wie spät ist es denn?"*
Medwedeff: *„Halb sechs. Abends."*
Schiester (keuchend): „So spät? Ich muss dann heim."
Medwedeff: *„Wie weit hast du denn noch?"*
Schiester (keuchend): *„Ungefähr 25 Kilometer."*

Knappe zwei Stunden später …

Medwedeff: *„Hi Christian, bist du schon zu Hause?"*
Schiester (keuchend): *„Nein, aber bald. Hab' noch einen kleinen Abstecher gemacht."*
Medwedeff: *„Wie geht's dir denn?"*
Schiester (keuchend): *„Ich darf nicht stehen bleiben, sonst schießen mir die Krämpfe ein. Aber sonst geht's gut."*

Red Bull

„Gedanken beim Laufen"

Viele Menschen scheitern beim Versuch, mit dem Laufen zu beginnen, daran, dass sie die Stille nicht ertragen können. Das eintönige Trommeln der Füße auf dem Asphalt, das immer gleiche Knirschen der Steine oder Äste beim Waldlauf. Christian schöpft genau aus dieser Einförmigkeit seine Kraft: „Ich laufe sehr lange durch Wiesen und Wälder und bin so in mich vertieft, dass ich teilweise stehen bleiben muss, um mich zu orientieren, wo ich eigentlich bin. Auf der Südseite eines Tals oder doch auf der Nordseite oder überhaupt ganz woanders. Ein Zeichen dafür, dass ich mich geistig total wegschalten kann und erst dann wieder bei Bewusstsein bin, wenn es für bestimmte Tätigkeiten erforderlich ist. Durch diese positive Monotonie des Laufens ist eine Art von geistiger wie körperlicher Meditation möglich geworden."

Andere Menschen wiederum fragen sich: „Woran soll ich bei einem längeren Lauf denken?" Nachsatz: „Da wird mir langweilig." Christian denkt an alles, nur nicht an nichts. „Ich verarbeite viele Dinge, die mich belasten, denke mir bei harten Trainingsläufen viele positive Dinge aus und versuche, die Trainingszeit nicht nur körperlich, sondern auch geistig zu nutzen. Es funktioniert. Man muss es nur versuchen."

Konkret: „Ich denke an sehr intensive Momente, die ich durch das Laufen erleben durfte. Dinge, die ich niemals erlebt hätte, wenn ich nicht meine Laufschuhe geschnürt hätte und es einfach passieren hätte lassen. Das Glücksgefühl, die letzten Meter vor dieser verdammt lang herbeigesehnten Ziellinie noch laufen zu können, um dann völlig erschöpft, aber glücklich am Boden zusammenzusacken."

Für Christian bedeutet Laufen und jede Ausdauerleistung Psychohygiene, „eine Reinigung des Geistes, die mich frisch wieder an Aufgaben herangehen lässt". Eine Reinigung, die Christian auch während des Büroalltags durchführt: „Vor einem langen Training im Büro zu sitzen und sich danach, ganz erneuert sozusagen, in denselben Sessel fallen zu lassen, voller Energie und Tatendrang – das macht den Unterschied. Das ist Laufen in Reinkultur, das ist der wahre Nutzen dieses Sports."

Die Arbeitswoche des Läufers Christian Schiester besteht aus 25 bis 35 Stunden Training. Genug Zeit, um über vieles nachzudenken.

„Ich denke daran, dass jeder Schritt, den ich laufe, mich weiterbringt in meinem Leben. Mein Leben, das ich als ‚Lauf durchs Leben' oder besser noch

'Lauf ins Leben' bezeichnen möchte. Fast alles, was hier in diesem Buch niedergeschrieben ist, ist durch Erlebnisse in der Natur entstanden."

Erlebnisse, die Christian im Einklang mit der Natur hat. Deshalb ist der Griff zum iPod, zur dauerhaften Berieselung mit Musik, aus seiner Sicht auch keine richtige Methode, sich dem Laufen und dessen nur scheinbarer Monotonie leichter anzunähern: „Das ist doch nur eine Art der geistigen Ablenkung vom Körpergefühl. Musik ist sicher gut, aber sie sollte das Laufgefühl nicht übertönen – im wahrsten Sinn des Wortes. Es ist viel wichtiger, mit sich allein und ohne jeglichen Einfluss sein zu können. Diese Phasen sind uns ohnehin viel zu selten vergönnt."

Bei den Rennen dagegen zählt nur der Gedanke 'Wann komm' ich endlich über diese verdammte Ziellinie?' Christian: „Jeder auch noch so kleine Gedanke ist auf diesen einen Moment gerichtet und lässt keine langwierigen Überlegungen zu. Wenn es sehr, sehr weh tut, dann lenke ich meine Gedanken allerdings auf daheim, die Familie. Oder ich denke an mein Segelboot und an das unendlich weite Meer."

Christian verbrauchte in dieser Zeit zwischen 4.000 und 5.500 Kalorien pro Tag. Das ist das Dreifache eines „normalen", arbeitenden Menschen. Das ergibt im Monat satte 120.000 bis 165.000 Kalorien. Zum Veranschaulichen: 125 Gramm Spaghetti mit Tomatensauce – eine große Portion für einen Erwachsenen – hat rund 700 Kalorien. Um seinen Speicher wieder aufzufüllen, hätte Christian also täglich mindestens sieben Portionen essen müssen.

Er ließ sich aber lieber mit Hausmannskost versorgen. „*Ich muss in einer extrem harten Trainingsphase auf nichts verzichten. Und zum Glück sind meine Lebensgefährtin, meine Schwiegermutter und meine Mutter die besten Köchinnen der Welt. Auf den Tisch kommen steirische Kohlehydrate.*" Wie: Brennsterz, G'röstl und Schmarrn. Auch frisches Geselchtes vom Bauernhof gehört dazu. Fett ist wichtig. Für die Reserven. Früher hatte Christian zu viele Reserven. An Fett.

23 Tage vor dem Wüstenmarathon trainierte Christian erstmals auf Sand. Im italienischen Grado. Dort, wo damals auch sein Motorboot vor Anker lag. Dort zeigte sich, wie wertvoll das Training im Schnee war. Auf Sand läuft es sich sehr ähnlich. Nur: Grado ist nicht Wüste. Italienischer Badestrand ist nicht Sahara. Und Sand ist nicht gleich Sand. „*Der Sand am Meer ist windgepresst und relativ hart, in der Wüste dagegen ist er fein wie Mehl. Auf den Dünen wird es sich laufen wie auf*

Treibsand." Und Christian hatte Angst vor Sand in den Schuhen und folglich vor Blasen. *„Das wär' ja zu blöd, wenn das größte Abenteuer meines Lebens an Blasen scheitern würde.*"

Christian wog zu diesem Zeitpunkt bei 1,80 m Größe nur noch 64 Kilogramm. Zur Erinnerung: Das sind 36 Kilogramm weniger als zwölf Jahre zuvor. Weniger durfte es aber nicht mehr werden.

Jetzt gab's schon zum Frühstück steirischen Heidensterz. Außerdem experimentierte er mit Nahrung, die Astronauten zu sich nehmen. Wie so etwas schmeckt? *„Nach gar nichts. Das tut mir als Genussmensch zwar weh, aber wichtig ist nur, dass in jeder Pulverportion 800 Kalorien stecken und dass die Astronautennahrung sehr leicht ist. Denn der Faktor Gewicht ist beim „Marathon des Sables" ein ganz besonders wichtiger.*"

Jeder Läufer beim Wüstenrennen musste nachweisen können, dass er für jeden Tag mindestens 2.000 Kalorien dabei hat. Das wurde auch während des Rennens stichprobenartig überprüft. Das heißt: Rationen vom Donnerstag bereits am Mittwoch zu essen, bringt nichts. Außer Zeit- und Geldstrafen. Christian würde seine jeweiligen Tagesrationen in Schlafsacküberzüge stecken (weil die nicht zerreißen können) und die Säcke einzeln nach Tagen beschriften.

Er hatte in der Wüste nicht nur Astronautennahrung dabei, sondern auch Reis-Fertiggerichte und eine Tomatensuppe, die normalerweise in Krankenhäusern zur Behandlung von Patienten auf der Intensivstation verwendet wird, deren Magen-Darm-Trakt in Gang gehalten werden muss. Eines haben die Mahlzeiten alle gemeinsam: Sie werden mit kochendem Wasser direkt im Alubeutel aufgegossen, eine bestimmte Zeit im verklebten Beutel ziehen gelassen und dann verspeist. *„Geistig erfrischt bist du nach so einem Mahl allerdings nicht.*"

Deshalb suchte Christian nach geschmacksintensiveren Alternativen. Kurz dachte er auch daran, ein Stück mageres Geselchtes mitzunehmen. Bei einem Marathon durch Grönland hätte er das wohl auch getan. *„Aber in der Hitze läuft mir das Fleisch wahrscheinlich nach einem Tag davon.*" Apropos Hitze. Bei den Müsliriegeln ganz wichtig: keine Schokolade! Nicht, weil's nicht schmecken würde. Eher wegen der verpickten Finger!

6 In den Himmel ...

Christians Ungeduld brennt. Er brennt. „*Zwischendurch pumpt mein Herz hin und wieder so heftig, dass es mir vorkommt, als würde es fragen: Wann geht es endlich los?*" Christian hatte seinen Ruhepuls auf unfassbare 32 Schläge pro Minute runtergeschraubt, früher lag er bei 93. Er fühlte sich wie ein Rennpferd in der Startbox, wenige Sekunden bevor der Schuss fällt. Übrigens: Angeblich ist der niedrigste Ruhepuls, der je gemessen wurde, dem spanischen Rad-Profi Miguel Induráin zuzuschreiben. Der fünffache „Tour-de-France"-Sieger brachte es auf 28 Schläge im Ruhezustand.

Ortswechsel: 4. April 2003. Ouarzazate, „Hotel Gazelle". Das Tor zur westlichen, marokkanischen Sahara. Es ist vier Uhr früh. Es ist die Nacht vor dem Aufbruch in die Wüste. In zwei Tagen geht es los. Es war Christians letzte Nacht in der Zivilisation. Doch das „Rennpferd Schiester" war bereits losgelassen: Im Schlaf fährt er hoch, er greift hinter sich, prellt sich die Hand an der kalten Steinmauer, er tastet nach seinem Rucksack, der säuberlich verpackt unter dem Bett liegt, und den er aus Nervosität schon zu Hause in Mautern bestimmt 20 Mal aus- und wieder eingepackt hatte.

Das Lager der Läufer beim „Marathon des Sables": Einfache Berberzelte. Zu wenig Schutz gegen die Sandstürme.

Der Geist war dem Körper einen Schritt voraus. Nach 7.000 Trainingskilometern wollte Christian endlich den Startschuss hören. Schon am Flughafen von Casablanca hatte sich Christian die Wartezeit mit einem Läufchen durch die Flughafenhalle verkürzt. Vorbei an den verdutzten Händlern, die Tonzeug oder Tücher feilboten. Wann geht es endlich los?

Die Anreise nach Marokko war nicht gerade das, was man eine optimale Vorbereitung auf ein gnadenloses Rennen über 243 Kilometer in sechs Tagen nennt. Am Flughafen in Frankfurt, wo alle Teilnehmer aus dem deutschsprachigen Raum zusammentrafen, um über Casablanca nach Ouarzazate zu gelangen, hatte die gebuchte Maschine mehrere Stunden Verspätung. Christian und die anderen lungerten in der Flughafenhalle. Einige überspielten die Nervosität mit Auszügen aus ihren Trainingstagebüchern und Erlebnissen im Trainingsalltag, andere ergingen sich in sinnlosem Small Talk mit den vermeintlichen Kontrahenten. Christian saß – wie immer auf diesen Reisen – etwas abseits und knabberte am süß duftenden Apfelbrot seiner Tante Justi. Er wollte seinen Kopf freihaben fürs Rennen.

„Apfelbrot"
1.500 g geschabte Äpfel
300 g Rosinen
300 g Nüsse
250 g Zucker
1 gr. Esslöffel Zimt
125 ml Rum
1 gr. Esslöffel Salz
Das Ganze zusammenmischen und ca. zwölf Stunden stehen lassen.

Dann dazumischen:
1.000 g Mehl
2 Pkg. Backpulver
Alles kneten, bis ein Teig entsteht.
Zu drei Striezeln formen und auf ein Backblech geben.
Im Backrohr bei 170 Grad ca. 1 Stunde backen, fertig!

Außerdem beäugten ihn die anderen. Den Österreicher, von dem sie schon einiges gehört hatten und der lauthals verkündet hatte, er, der Marathon-des-Sables-Neuling, wolle unter die Top Ten laufen. Allen voran Anke Molkenthin, die selbst zum x-ten Mal teilnahm, und die für den deutschsprachigen Raum das Monopol

Christian nach der ersten, unruhigen Nacht am bloßen Wüstenboden.

Danny Verdam und Christian tanken Wasser bei einem Checkpoint.

besaß, die Läufer und Läuferinnen aus ihren Ländern zum Rennen zu transportieren. Mit entsprechender Provision für die Reiseabwicklung, versteht sich. Und die bei ihren Info-Veranstaltungen mit Sportbekleidung ein Riesengeschäft machte. Ihr war noch nie einer aus ihrer Gruppe untergekommen, der mit den Ahansal-Brüdern aus Marokko oder dem großen Routinier Marco Olmo aus Italien oder dem französischen Marathon-Clown Karim Mosta, der schon durch viele Wüsten gerannt war, ernsthaft vorne mitlaufen wollte.

Und da war auch Danny Verdam. Ein smarter Holländer mit langen blonden Haaren, der mit seinem Charme und seinem Lächeln auch am Schmelzofen arbeiten hätte können. So zuckersüß gab sich der Wolf im Schafspelz. Denn Danny sah aus, als käme er soeben aus der Wüste. Und nicht so, als würde er gerade dorthin fahren. Seine blauen Augen blitzten aus dem braun gebrannten Gesicht und unter dem bis zur Brust offenen Hemd spielten die Muskeln. Er war der Sonnyboy der Gruppe und er war bereits den „Marathon des Sables“ mehrmals gelaufen. Er war der Leitwolf. Bisher. Denn jetzt war Christian da! Er war der Leitwolf in spe.

Am 5. April 2003 ging's endlich in die Wüste. Und wie! Die Läufer – die Teilnehmerzahl ist wegen des überbordenden Interesses auf rund 700 limitiert (und das, obwohl das Nenngeld 2.000 Euro beträgt und man dafür vom Veranstalter nichts bekommt, außer Wasser und ein Zelt überm Kopf) – wurden zusammengepfercht in mehreren Viehwaggons zum Basislager gebracht. 40 Mann Atem an Atem auf einer Lkw-Ladefläche. Christian fühlte sich mehr als unwohl: *„Ich hatte höllische*

Christian in seinem silbernen Anzug –
Schutz gegen Hitze und Kälte zugleich.

Angst, mich dort drinnen zu verletzen." Rostige Nägel starrten aus den Planken und niemand konnte sehen, was auf dem Boden lag.

Die Zelte standen bereits. Mehr als ein Dach überm Kopf war das nicht. Am Boden liegen einfache Teppiche, darüber eine Plane, that's it. Man lag praktisch im Freien. Wenn es windig war, wurden die Läufer über Nacht paniert wie die Schweineschnitzel. Aber mit scharfem Sand, der die Haut aufschlitzte. Und bei Temperaturen um den Gefrierpunkt.

Christian bezog mit Danny Verdam, einem Franzosen und fünf Deutschen, von denen nur Daniel Dost noch ein ansprechendes Rennen laufen sollte, das Zelt mit der Nummer 87.

Christian war ruhig. Sehr ruhig. Nur durch seinen silbernen Anzug, der extra und exklusiv für ihn angefertigt worden war, fiel er unter der Menge auf. Die technischen Kontrollen seines Equipments und auch die Überprüfung seiner Nahrung für die nächsten sieben Tage gingen problemlos über die Bühne. Jetzt war da nur noch die quälende Frage: Wann geht es endlich los?

Rundherum war nur Steinwüste. Das Lager der Läufer war in einem großen Kreis aufgestellt, in der Mitte traf man sich kaum, alles spielte sich außen ab. Auch das Austreten. Anfangs nahmen die Läufer noch längere Spaziergänge in Kauf, um hinter der nächsten Düne oder dem nächsten größeren Felsbrocken oder Bäumchen in die Hocke zu gehen. Als das Rennen lief und die Erschöpfung von Tag zu Tag wuchs, ging die Scham völlig verloren. 700 Läufer hinterließen Tag für Tag eine Spur von Kot. Und es war allen egal, ob man ihnen dabei zusah oder nicht.

6 In den Himmel …

Rund 700 Läufer nehmen jährlich am qualvollen Wagnis „Marathon des Sables" teil.

Jeden Morgen dasselbe Ritual. Um 5.30 Uhr, im gleißenden Licht der aufgehenden Sonne, bauten die Marokkaner über den Köpfen der Läufer die Zelte ab. Es war ein brutaler Weckruf für ein brutales Rennen. Christian dachte am Start zur ersten Etappe an seinen Freund Franz. Würde er noch leben, dann wären sie gemeinsam hier. Aber „just for fun". Jetzt hörte sich der Spaß auf.

Auf den ersten Kilometern versank Christian bei fast jedem Schritt bis über beide Knöchel im Sand. Nicht die Dünen waren das Problem. Eher deren steiler Abbruch. *„Laufen mit einem Schuh voll Sand kannst du im Schnee nicht simulieren."* Dazu der Gegenwind, der den Läufern vorgaukelte, es habe 25 und nicht 50 Grad. Dazu Christians elf Kilogramm schwerer Rucksack. Manche hatten sogar noch mehr Gepäck und stapften bereits nach wenigen Kilometern wie müde Packesel durch den Sand.

Dazu die Rennatmosphäre. Viele sind gestartet, *„als wären die Sandvipern hinter ihnen her. Fast alle hab' ich am Ende wieder überholt."* Christian lief lange hinter Marco Olmo. Der 54-jährige, hagere Italiener hatte schon dreimal den „Desert Cup" gewonnen, ein ähnliches Rennen in Jordanien. Er war ein alter Wüsten-

fuchs. Von ihm schaute sich Christian ab, wie man richtig im Sand läuft. Er adaptierte für sich Olmos Watscheln. *„Er lief wie eine Ente, aber mit Turboantrieb."* In seinen Spuren – Olmo trug einen ausgelatschten Laufschuh, der an der Ferse drei Einkerbungen hatte und deshalb im Sand gut zu sehen war – lief Christian nach 2:11 Stunden als guter Siebzehnter der ersten Etappe durchs Ziel. 26 Minuten hinter den unschlagbaren Ahansal-Brüdern aus Marokko, die den „Marathon des Sables" seit Jahren dominieren.

Auf der zweiten Etappe von Erg Chebbi nach Erg Znaigui gab's Platz 14 – 34 Kilometer mitten durch die Einöde. Nicht mal eine Hütte, geschweige denn ein Dorf oder eine Oase. Und vor allem keine Menschen, die nicht mit dem Rennen zu tun gehabt hätten.

Christian fühlte sich richtig gut, vor allem bergauf: *„Wo ich noch immer gelaufen bin, sind viele andere schon gegangen."* Der Kanadier Chad Ulansky matchte sich mit Christian, war aber plötzlich verschwunden. Am Fuß einer Düne sah ihn Christian dann liegen. Ulansky war den ganzen Hang abgerutscht. *„Ich bin zu ihm hin und hab ihn gefragt, ob alles okay ist. Er hat genickt, ist aufgestanden und weiter gelaufen. Aber er war komplett am Ende."* Auf der 82 Kilometer langen Nachtetappe sollte Christian dann wirklich zum Lebensretter werden. Aber dazu später.

Die Nächte im Zelt. Es war bitterkalt. Wenn es noch einen Zentimeter am Körper gab, der tagsüber nicht mit Sand in Berührung gekommen war, am Morgen danach waren die Läufer in jedem Fall sandgestrahlt. Ultra-Peeling sozusagen. Christian hatte aus Gewichtsgründen seine Matte im Hotel weggeworfen, er spürte durch den dünnen Teppich, den die Marokkaner zum Schutz aufgelegt hatten, jeden Stein. Es waren Hunderte – in verschiedenen Größen. Jeder Muskel schmerzte.

Die Stimmung im Zelt war aber generell prächtig. Neben ihm lag Daniel, der den „Marathon des Sables" für einen guten Zweck bestritt und für die Leukämie-Aktion „Für dich" rund 10.000 Euro sammelte. Daneben Pascal, der Franzose, mit 42 Jahren noch ein unglaublicher Sportler, der sich mit dem „Marathon des Sables" auf seinen ersten „Ironman" vorbereitete. Der Spaßvogel in der Gruppe war Jochen, der sechs Wochen nach dem „Marathon des Sables" seine Freundin Claudia heiratete. Jochen ist erster Tenor im Männergesangsverein seines Heimatorts in der Nähe von Heilbronn. Aber auch ihm war nicht zum Singen zumute. Dafür hatte er deutlich sichtbar auch zu wenig trainiert. Dann natürlich Danny Verdam. 2002 hatte er Rang 31 beim „Marathon des Sables" belegt – und dann die „Oldies" Eberhard und Bernhard, die einander ständig neckten und ärgerten wie die legendären Figuren von Statler und Waldorf bei der „Muppet-Show".

Auf der dritten Etappe hatte sich der Wind entschieden, die Sandkörner waagerecht auf die Läufer loszulassen. Vier Stunden flogen Christian die scharfen Spitzen ins unrasierte Gesicht. Die Lippen brannten wie Feuer. Die bisher zurückgelegten 81 Kilometer machten auch Christian mental zu schaffen: Bei Kilometer 22 der dritten Etappe ließ er eine seiner Red-Bull-Flaschen liegen. Aber: Wer seine Flasche verliert, wird bestraft. Eine Stunde plus. Also lief Christian zurück. Für die zwei Kilometer brauchte er weniger Zeit, als er aufgebrummt bekommen hätte. *„Ich hab mir gedacht: Du bist ein fester Trottel. Die anderen Läufer, denen ich in die verkehrte Richtung laufend begegnet bin, müssen ja glauben: Da spinnt einer!"* Umso erstaunlicher, dass Christian noch Siebzehnter wurde. Es schmerzte bereits jeder Muskel, auch eine alte Verletzung in der Kniekehle machte sich wieder leicht bemerkbar. Aber die immer häufiger eintrudelnden Kurznachrichten aus der Heimat – man konnte über die Website des Marathons unter www.darbaroud.com den Läufern Mitteilungen zukommen lassen – waren wirksamer als jedes Schmerzmittel. Denn es waren nicht nur Botschaften von Silke, Elias, den Eltern und Freunden, sondern von Dutzenden Fremden, die mitfieberten: *„Ich dachte mir, verdammt, plötzlich interessiert sich die halbe Nation für dein Laufen. Ein sehr erhebendes Gefühl, das stolz macht."*

Auf der vierten Etappe steuerte das ohnehin total irre Rennen seinem wahnsinnigen Höhepunkt entgegen. 82 Kilometer. Also auch nachts. Ziel in Rich El Bas. Und der Sandsturm hatte noch mal zugelegt, was vor allem auf den langen Streckenabschnitten über die flachen Salzseen die Hölle war. Es war, als liefe man gegen eine Wand.

Nur Danny Verdam und Christian leisteten in einer 10-Mann-Gruppe bei der Verfolgung der Ahansal-Brüder Führungsarbeit. *„Kein anderer ergriff die Initiative. So sehr wir auch auf sie einredeten und mit den Händen fuchtelten."* Auf einem kurzen Anstieg ließ Christian die Gruppe dann stehen. *„Da lauf' ich lieber alleine, als die anderen in meinem Windschatten mitzuziehen."*

Sieben einsame Stunden waren es noch bis zum Ziel. Kurz nach Checkpoint fünf stülpte sich die Nacht über die Wüste. Wenn kein künstliches Licht in der Nähe ist, ist es für Menschen, die nur die Zivilisation gewohnt sind, unvorstellbar

82 Kilometer in neun Stunden und 18 Minuten – Christian sind die mörderischen Qualen der Königsetappe beim „Marathon des Sables" deutlich ins Gesicht gemeißelt.

dunkel. Lediglich ein zarter Laserstreifen am Horizont markierte das Ziel – es schien Tausende Kilometer entfernt.

Christian lief mit der Stirnlampe, und was er in deren Kegel zu sehen bekam, war beängstigend: Die drei Stunden vor den Top-Läufern gestarteten Hobbyläufer und Geher – viele waren gerade mal so fit wie Christian vor elf Jahren – waren schwer angeschlagen und torkelten durch die Nacht. Sie sangen und summten teilweise vor sich hin, um die Angst zu vertreiben. *„Es war wie in einem Gruselfilm. Einige haben sich gar nicht mehr bewegt. Sie sind nur dagestanden und haben in die Dunkelheit gestarrt."*

Bei Kilometer 77 war dann der Horror perfekt: Vor ihm, auf dem Boden, im Sand, lag ein anderer Läufer. Er war bewusstlos und nicht ansprechbar. Christian handelte instinktiv, brachte den Mann in die Seitenlage, drehte seinen Kopf, schüttete ihm noch ein Kohlehydratpulver in den Mund, bis er schäumte, und wollte auch die Leuchtrakete abfeuern, die zur Pflichtausrüstung gehörte. Allein, sie funktionierte nicht. Christian schrie um Hilfe. Immer wieder. Immer hysterischer. Aber erst bange Minuten später blieb ein Spanier stehen und schickte Christian zurück ins Rennen: „Lauf du weiter, du gehörst zu den Schnellen." Der Spanier wurde später bei der Siegerehrung als Lebensretter ausgezeichnet und erhielt dafür eine Prämie von 1.000 US-Dollar. *„Wenn er nicht gekommen wäre, wäre ich so lange bei dem Bewusstlosen geblieben, bis endlich Hilfe gekommen wäre. Ich habe nicht eine Sekunde ans Weiterlaufen gedacht."*

Christian erreichte nach neun Stunden und 18 Minuten das Ziel. Als grandioser Tages-Achter. In der Gesamtwertung katapultierte ihn die Nacht des Horrors auf Rang neun. Selbst nach 24 Stunden waren noch viele Läufer unterwegs. Viele hatten sich in der Dunkelheit verirrt, manche hatten sich einfach schlafen gelegt und auf die Sonne gewartet.

Christian konnte nicht schlafen. Ein eigenartiges Phänomen, aber erklärbar: *„Zuerst jagst du deinen Körper bis zum Punkt X und versuchst ihm einzutrichtern, dass es jetzt keine Zeit zum Ausruhen gibt. Und dann, wenn du im Ziel bist, gibst du ihm plötzlich das Okay zum Schlafen. Genau das, nämlich das Schlafen, funktioniert dann nicht."* Bis drei Uhr früh lag Christian wach und dachte nach. Und er wusste:

Steile Dünen als Kräfte raubendes Hindernis – und: immer Sand in den Schuhen!

Diese verdammte Etappe durch die Dunkelheit der Wüste, das war das bisher beste Rennen seines Lebens. „*Diese Etappe war wie ein Rausch. Ich konnte nicht aufhören, aber das Gefühl im Ziel war wie von einer anderen Welt. Seither bin ich danach süchtig, diesen Kick wieder erleben zu dürfen.*"

Dem besten Rennen folgte nur 36 Stunden später das qualvollste. Die Anstrengungen zollten ihren Tribut. Nicht nur bei jenen, die schlecht vorbereitet in dieses Wüstenabenteuer gegangen waren und täglich für immer längere Wartezeiten im Ärztezelt sorgten, wo während der Woche so viele Blasen verarztet werden mussten

Es ist vollbracht! Christian im Ziel des „Marathon des Sables".

wie sonst nur nach einer Feuerkatastrophe. Bei Christian war es der Durchfall, der den geschwächten Körper anfiel und den Muskeln jeglichen Treibstoff entzog. Mehrmals entleerte er sich während der 42 Kilometer langen, vorletzten Etappe. Treffend analysierte er im Ziel: *„Mir ging's heute so beschissen wie noch nie."*

Schon nach den ersten drei Kilometern war Christian klar: Heute geht gar nichts. Die Muskeln fühlten sich wie Teig an. Automatisch reduzierte er sein Tempo auf „Schnecken-Schiester" mit der Hoffnung, der Körper werde sich bei ständiger Zufuhr von Elektrolytgetränken wieder erholen. Eine Hoffnung, die bald keine mehr war. Später kippte er in eine Art Delirium ohne Schmerzen, ein Gefühl, dass alles egal ist, völlig apathisch. *„Ich habe mich wie ein Zombie gefühlt. Aber dann, hin und wieder, kommt der Schmerz zurück und packt dich mit voller Wucht. Vor allem in den Oberschenkeln. Als ob du in der Sekunde einen Krampf bekommst. Und wieder Augenblicke später tut dir der ganze Körper weh, der Rücken, die Schultern, einfach irre."* Zehn Kilometer vor dem Etappenziel fühlte sich Christian, als ob er noch nie in seinem Leben etwas gegessen oder getrunken hätte. *„Es war wie im Karussell, ich war Passagier meiner Emotionen und Empfindungen."* Das war die erste Etappe, nach der Christian sich kurz sein altes Leben zurückwünschte. Ob es nicht gescheiter gewesen wäre, weiter zu saufen, zu fressen und zu rauchen und eine Wampe zu bekommen, als hier in der Wüste zu leiden. Er beschimpfte sich als Trottel und Idiot und gab sich noch andere, viel unfeinere Namen, krabbelte dann wie ein Kleinkind ins Zelt und fiel blitzartig in tiefen Schlaf.

Ein Steirer namens Pinocchio: Christians erste Meter auf der letzten Etappe des „Marathon des Sables", auf den letzten Metern von der Hölle in den Himmel, wie er es später nannte, waren hölzern. Christian stakste durch den Sand. Aber: Er wäre auch ins Ziel gerobbt. Der Körper hatte längst Nein gesagt. Alles in Christian schrie: „Stehen bleiben!“ Wie damals in New York. Aber dieses Mal brauchte er keine fremde Hilfe, keine Stimme, die ihm sagte, dass er es schaffen würde, kein Zitronenzuckerl. Und dann war es vorbei. Nach 243 Kilometern in 24 Stunden, 47 Minuten und 35 Sekunden. Er wurde damit Zwölfter. Danny Verdam, der holländische Wüstenfuchs, belegte Rang 21. Christians Rückstand auf den Sieger Mohamad Ahansal betrug fünf Stunden, 51 Minuten und 27 Sekunden. *„Ich habe das Stehenbleiben noch niemals in meinem Leben so genossen wie in Tazzarine“*, sagte Christian. Einen Satz, den er im Oktober 2006 in Santarém in Brasilien, im Ziel des „Jungle Marathon“, wiederholen sollte. Bloß war der Wunsch dann noch viel stärker.

Ein Wüstenmarathon als Weckruf zu mehr: Der extreme Christian war „geboren“.

Red Bull
Bull
Red Bull

8 Betrug, oder: eine Frage der Moral

Noch Wochen nach dem „Marathon des Sables“ war Christian innerlich aufgewühlt. Nicht wegen der medialen Aufmerksamkeit, die ihm plötzlich zuteilwurde und ihn auch erstmals ins Fernsehen vor eine ORF-Kamera ins Landesstudio Steiermark führte. Nicht wegen der eindrucksvollen Erlebnisse in der Wüste oder wegen der Qualen, der Erschöpfung oder der Freude über Platz zwölf. Zwölf! Ausgerechnet Christians Glückszahl. Denn an einem Zwölften ist er geboren.

Christian rang mit sich, ob er der Öffentlichkeit erzählen soll, was ihn während des Rennens so entsetzt hatte, was das größte Rennen seines Lebens befleckt und seinen Glauben an Fairness unter Sportlern erstmals so richtig erschüttert hatte.

Das dicke fette Regelwerk des Patrick Bauer, an das sich Christian akribisch und pedantisch bis ins letzte Detail gehalten hatte, hatten andere vermutlich gerade mal zum Anheizen ihres Espit-Kochers verwendet.

Einige Teilnehmer, die bereits mehrfach den „Marathon des Sables“ absolviert hatten und somit zum Establishment in diesem Miniaturkosmos gehörten, wurden nachts von Leuten aus der Organisation und von anderen Teilnehmern mit Extra-Rationen an Wasser und Nahrung versorgt. Christian war schockiert, als er mehrmals Augenzeuge dieses Betrugs wurde. *„Aber es ging offensichtlich darum, den Sieg im eigenen Land zu behalten.“*

Auch ein deutschsprachiger Wüstenläufer hatte sich auf fremde Hilfe verlassen und einen „Wasserträger“ engagiert. Sein Freund, der das Rennen nur als flottere Wanderung betrachtete, hatte in seinem schweren Gepäck auch die Ausrüstung und Nahrung für den schnelleren Mann. Christian war entsetzt: *„Es ist ein riesiger Unterschied, ob du mit fünf oder zwölf Kilogramm am Rücken unterwegs bist“.* Das Rückengepäck des Läufers war so klein, es hätte in jede bessere Damenhandtasche gepasst.

Abends dann im Lager wartete er schon hungrig auf seinen Sherpa und er hatte sich sogar die eine oder andere Infusionsflasche intravenös angehängt. In der Dunkelheit der Nacht, abseits der Biwak-Kontrolleure, die sporadisch durch die

Wenn jedes Gramm zählt: Christian mit einem Teil seiner High-Tech-Ausrüstung.

Zeltreihen gingen, um etwaige Vergehen gegen das strenge Regelwerk zu entdecken. Es hat ihm nichts geholfen. Der Betrüger lag in der Gesamtwertung mehrere Stunden hinter Christian.

Aber Christian war enttäuscht. Wenn das publik werden würde, würde niemand mehr im Zusammenhang mit dem „Marathon des Sables“ vom härtesten Rennen der Welt sprechen. Alles Lug und Trug. Wer weiß, wie viele jener elf Läufer, die im Gesamtklassement vor ihm gelandet waren, betrogen hatten? Dabei hatte das Rennen gerade aus der Tatsache, dass keine fremde Hilfe erlaubt war, dass jeder auf sich alleine gestellt war, seinen enormen Reiz für Christian bezogen. Über seinem Lebenstraum, den er sich mit der Bewältigung dieses brutalen Rennens erfüllt hatte, lag ab sofort ein schwerer, schwarzer Schatten.

Er wusste noch nicht, dass er beim „Jungle Marathon“ nur drei Jahre später dasselbe wieder erleben würde und er sogar daran denken würde, aus einem Rennen aus Gründen der Moral vorzeitig auszusteigen.

9 Silkes Sicht der Dinge

Seine Lebenspartnerin Silke lernte Christian am Faschingsdienstag 1996 kennen. *„Es war eine Rauschgeschichte. Sonst hätte ich mich nie getraut, sie zum Tanz aufzufordern."* Und auch nicht, wäre er noch immer der gemütliche Dicke gewesen. *„Denn Silke hätte nie einen unsportlichen Mann an ihrer Seite haben wollen. Niemals wäre meine Familie so zusammengekommen. Mein ganzes Leben hätte ohne das Laufen eine völlig andere Richtung eingeschlagen."* Jetzt haben die beiden zwei Söhne, Elias Haile, mittlerweile neun Jahre alt (sein zweiter Vorname stammt von dem vielfachen Langstrecken-Weltrekordhalter Haile Gebrselassie aus Äthiopien) und Fabio Franz (ein Jahr alt).

Silke kannte Christian damals flüchtig, er war häufig in ihrem Heimatort Wald am Schoberpass, um mit seinem Freund Heimo Ski zu fahren. Seine Wandlung vom Dicken zum Fitten hatte sie nicht mitbekommen. Christians Charme überwältigte die Bankkauffrau: „Kurz nach diesem Faschingsdienstag hatte ich Geburtstag. Er hat mir damals 24 Rosen – so alt wurde ich – von einem Blumenzusteller in die Raiffeisenbank Liesingtal zustellen lassen. Völlig überraschend!"

Silke war zunächst froh, dass Christian dem Wirtshaus endgültig entsagt hatte und sich völlig dem Laufen hingab. Und der „Marathon des Sables" sollte ursprünglich das Ende von Christians Laufkarriere markieren. Es war eher der Startschuss. Nicht einfach für eine Frau. „Als er in die Wüste aufbrach, konnte

Vienna City Marathon 2003: Christian mit Silke (li.) im Ziel.

Silke und Christian glücklich vereint beim Bauernbundball in Graz im Jahr 2005.

ich meine Tränen nicht stoppen, denn so ohne ist das ja nicht. Natürlich hatte ich Angst um ihn." Und die Gefühle sind ambivalent geblieben. „Mittlerweile sind seine Laufprojekte sein Beruf. Deshalb unterstütze ich es auch."

„Silkes Angst"

Silkes Angst um Christian und die Furcht vor dem Unbekannten hat manchmal etwas kuriose Auswüchse: „Als ich vom Dschungel zurückgekommen bin, durfte ich drei Tage lang meine Ausrüstung nicht ins Haus bringen und musste die Taschen auf Silkes dringlichen Wunsch in der Garage stehen lassen. Erst dann war sie sicher, dass Schlangen oder Spinnen, die ich aus Brasilien möglicherweise mitgebracht hatte, erfroren waren..."

Als Christian im Dezember 2007 wiederum zum Antarctic Ultra Race aufbrach, hatte Silke, die gelernte Bankkauffrau, derart Angst um ihn und befürchtete das Schlimmste, „dass sie kurzerhand mein Konto plünderte. Sie überwies das gesamte Geld auf ihr Konto. Denn sollte ich nicht wieder kommen, hätte sie sich zumindest die Unannehmlichkeiten mit der Bank erspart. Am Tag nach meiner Rückkehr nach Mautern buchte sie jeden Cent wieder retour..."

Die Kinder: Fabio Franz ist ein Jahr, Elias neun Jahre alt. Elias weint, wenn Christian wieder eine seiner extremen Touren antritt, wochenlang in irgendeinem fremden Land unterwegs ist und jeglicher Kontakt unterbrochen ist. Auch Christian schmerzt das Abschiednehmen. Silke: „Es ist sicherlich schwer, das alles unter einen Hut zu bekommen. Die Familie, das Laufen, die Firma. Darunter leidet Christian schon. Vor allem, da ja auch seine Kindheit oft sehr schwer war."

Aber manchmal tritt auch Silke völlig in Christians Läuferleben. 2003, wenige Wochen nach dem „Marathon des Sables", lief sie gemeinsam mit ihrer Freundin Anita ihren bisher einzigen Wien-Marathon. Es war brutal heiß. Schon beim Start hatte es 30 Grad im Schatten, bei der ersten Labestation war für die langsameren Läufer kein Wasser mehr vorrätig. Christian selbst war angeschlagen, musste sich massieren lassen und wartete dann bei Kilometer 31 auf seine Lebenspartnerin – und lief gemeinsam mit ihr, nach 4:31 Stunden durchs Ziel.

Die Trainingspläne für das Abenteuer Marathon hatte Christian für die beiden Frauen entworfen. „Wir mussten alles mitschreiben, was wir gemacht haben, wie lange, wie hart und wie wir uns dabei gefühlt haben. Wir haben ihn oft verflucht, aber er wollte nur das Beste für uns und hat uns wirklich super hintrainiert." Zusatz: „Wir sind lachend durchs Ziel gelaufen, was aus seiner Sicht auch wieder nicht okay war, weil seine Devise ist: Man sollte sich im Ziel übergeben."

„Die glorreichen Sieben":
In jedem Buch übers Laufen dürfen Tipps fürs Laufen und speziell für den klassischen Marathon nicht fehlen. Hier seien „Die glorreichen Sieben" angeführt:

1.) Seien Sie konsequent!
Was ihn selbst zum extremsten Marathonläufer Österreichs gemacht hat, legt Christian auch jedem Anfänger nahe: „Seien Sie konsequent! Legen Sie sich beim Essen und Trinken und auch beim Training Gewohnheiten zu, die Sie auch im Rennen durchziehen. Und machen Sie sich im Kopf bewusst, was Sie auf den 42,195 Kilometern erwartet. Wenn Sie etwa für einen Marathon nur im Wald und auf der Wiese trainieren, wird Ihnen das Laufen auf Asphalt sehr weh tun."
Ein Jahr vor dem Marathon sollte mit dem gezielten Training inklusive vorangegangenem Arztbesuch begonnen werden. Ganz wichtig: „Besorgen Sie sich einen leichten Schuh mit wenig Profil, der richtig rollt. Das spart Kraft und macht auch richtig Spaß."
Als Faustregel für den Trainingsumfang rät Christian zu rund 70 Kilometern pro Woche. Zusatz: „Mehr ist natürlich besser." Darin beinhaltet: ein langer Lauf zwischen zwei und drei Stunden.
Und wie schnell sollte ein Anfänger laufen? „Wenn man miteinander noch bequem reden kann, stimmt das Tempo."

2.) Der Mensch ist fürs Laufen geschaffen!
Der für viele Läufer obligate Pulsfrequenzmesser ist für den Profi „Gefühlssache": „Kontrolle ist gut, aber man sollte nicht zum ‚Sklaven' der Uhr

werden." Ähnliches gilt für einen Trainingsplan, der konkrete Vorgaben macht. Schiester: „Tipps vom Profi sind immer gut. Aber ich glaube, dass der Mensch die einfachste Fortbewegungsart, Laufen, einfach kann ..."

Diese Karikatur bekam Christian zum 40er von seinen Lauffreunden Schiwago, Engelbert, Gerlindo & Johannes.

3.) „Atmen Sie durch Ihre Kleidung ...

... und nicht nur durch die Nase. „Vor allem im Frühjahr und Sommer hat die Laufkleidung einen harten Job. Denn wenn Sie zu warm bekleidet sind, bildet sich ein Hitzestau. Das wiederum bedeutet großen Flüssigkeitsverlust. Die logische Abwehrreaktion des Körpers: höherer Puls. Und mehr Puls verlangt dem Körper mehr Energie ab, die er wegen des Flüssigkeitsverlusts nicht mehr zuführen kann. Die Folge sind Krämpfe, Zerrungen oder sogar Muskelfaserrisse." Fazit: kein Schritt ohne atmungsaktive Hightech-Kleidung!
Apropos Kleidung. Auch für Christian gilt: „Es gibt kein schlechtes Wetter – nur schlechte Bekleidung. Auch wenn es mal regnet: raus aus der guten Stube!" Aber natürlich sind auch Alternativen wie Radfahren, Schwimmen oder Stretching durchaus erlaubt – und machen Sinn.

4.) Schützen Sie Ihren Kopf – und Ihre Augen!

Christian selbst läuft niemals ohne Kopfbedeckung und rät das auch jedem Läufer. „Schützen Sie Ihren Kopf!" Am besten mit atmungsaktiven, leichten Materialien. Denn: „Die handelsüblichen Baumwollkappen werden durch den Schweiß nass und bleiben das auch – das ist ganz schlecht." Gleichfalls wichtig: „Setzen Sie eine Brille auf, das schützt Ihre Augen vor der UV-Strahlung und gegen Wind, Staub und Feuchtigkeit."

5.) Ernährungstipps? Gar nicht nötig!

Viele Läufer fragen, was sie essen und trinken „dürfen". Die Antwort kennt der Körper selbst: „Ihr Körper sagt Ihnen schon, was das Richtige ist, wonach er nach einer Trainingseinheit verlangt. Und es wird bestimmt kein Schnitzel sein."

Aber natürlich gibt es auch „Menüs", die helfen, fit zu bleiben und dem Körper das zu geben, was er braucht. „Wird's wärmer, schwitzt man mehr. Wer viel schwitzt, verliert viel Flüssigkeit. Wer viel Flüssigkeit verliert, neigt zu Krämpfen."

Was also tun, damit es nicht so weit kommt?
I.) Trinken Sie Wasser. Noch besser: isotonische Getränke vor und Energy Drinks während und nach dem Laufen. „Auch wenn Sie keinen Durst haben. Zwingen Sie sich dazu."
II.) Nehmen Sie Magnesium ein. „Magnesium, der Krampf-Stopper, ist zwar auch in Bananen enthalten, aber sogar drei Bananen am Tag sind zu wenig. Also ruhig durch Magnesiumdrinks oder -Tabletten nachhelfen!"
III.) Essen Sie laufend Reis. „Reis enthält viel Magnesium und wichtige Inhaltsstoffe, die Ihrem Körper guttun."

6.) Keinen Marathon im Training laufen!

Sie stehen unmittelbar vor Ihrem ersten Marathon? Dann 14 Tage vor dem Rennen „locker werden". „Was bis dahin nicht im Training erledigt wurde, kann man ohnehin nicht mehr aufholen. Und vier Tage vor dem Rennen rate ich zu einem Lauf über drei Kilometer im geplanten Renntempo." Und: „Laufen Sie im Training keinen ganzen Marathon. Die 42,195 Kilometer sind einmalig schon genug Belastung – vor allem für Anfänger."

7.) Bloß nicht überpowern!

Am Renntag besteht überhaupt kein Grund zur Nervosität. „Freuen Sie sich darauf! Ein Marathon kann etwas Einmaliges mit absolutem Gänsehaut-Feeling und ohne allzu großes Leiden sein. Voraussetzung: bloß nicht überpowern! Halten Sie sich an Ihre persönliche Marschtabelle, auch wenn Sie von Hunderten Läufern überholt werden. Das Ziel ist das Ziel, egal ob in dreieinhalb oder in vier Stunden!"
Ebenso wichtig wie die gezielte körperliche Vorbereitung ist die geistige. Der legendäre „Mann mit dem Hammer", der vielen Marathon-Neulingen zwischen Kilometer 30 und 35 zum Verhängnis wird, die Knie weich und den Geist schwach werden lässt, kommt bloß, „wenn man auf ihn wartet – oder wenn man schlecht trainiert hat". Eine Hoffnung gibt es für alle, egal ob Marathon-Anfänger oder nicht: „Die 42,195 Kilometer werden zwar wehtun – aber im Ziel hört der Schmerz ganz bestimmt auf ..."

Red Bull
Red Bull

10 Vom Hirschen-Verjagen und vom Duell mit dem Traktor

In den Bergen wie zu Hause: Christian Schiester.

Nach dem „Marathon des Sables" war Christian völlig leer und, was das Laufen angeht, auch antriebslos. Er hatte sich den Lebenstraum erfüllt, er hatte das am Grab von Franz Gruber geleistete Versprechen gehalten und eine Flasche voll mit feinstem Wüstensand über der Ruhestätte des Freundes ausgeleert. Neue Ziele hatte er zunächst nicht. Doch das änderte sich rasch.

Christian war bereits mehrfacher steirischer Berglaufmeister, seine Liebe galt neben dem Halbmarathon vor allem dem Berglauf. Und eines war damals klar: *„Die Wüste tu' ich mir kein zweites Mal mehr an. Vom Sand hab' ich die Nase voll. Ein Steirer gehört auf den Berg."* Für Christian durfte es natürlich nicht irgendein Berg sein. Das Himalaya-Massiv war gerade recht. Am besten der Mount Everest – aber dorthin gibt es noch keine Rennen, auch wenn es manchmal so aussieht, als müsste alles und jeder auf den höchsten Gipfel der Welt. Koste es, was es wolle. Auch das Leben.

Aber im indischen Teil der Gebirgskette gab es das, wonach Christian gesucht hatte: den „Himalaya Run" über 162 Kilometer, knallharte 10.000 Höhenmeter in fünf Tagen.

Die Gipfel rund um Mautern liegen mit rund 2.000 Metern in etwa auf der Starthöhe des „Himalaya Run"s. Christian begann mit seiner unglaublichen Höhen-

Christian ist zwar Sternzeichen Stier, aber mit den Steinböcken irgendwie verwandt…

meter-Jagd: Berg rauf. Berg runter. Berg rauf. Bis zu 8.000 Höhenmeter und 300 Kilometer pro Woche. Mehr als 40 Mal lief Christian im Training aufs Gösseck. Der Gipfel liegt auf 2.215 Metern Höhe. Für eine Tour, für die der Alpenverein für gute Bergsteiger eine Wegzeit von zehn Stunden veranschlagt, brauchte Christian im Lauftempo 3:18 Stunden.

Selbst die Steinböcke fürchteten sich nach acht Monaten Training nicht mehr vor dem Eindringling: „*Mir ist aufgefallen, dass die Viecher gar nicht mehr fliehen. Ein Steinbock ist zehn Meter von mir entfernt stehen geblieben. Ich war schon so oft hier heroben, ich gehör' praktisch schon zur Fauna. Die Gämsen, Steinböcke und Murmeltiere behandeln mich wie einen von ihnen. Wer sonst rennt bei vier Grad stundenlang am Berg herum?*"

„Arik"

Von 1994 bis 2005 wurde Christian auf den Trainingsläufen von seinem Hund Arik begleitet. Arik lief damit rund 40.000 Kilometer, also einmal um die Erde.

Einmal nahm Christian ihn zum Grazer Postlauf mit, einem Rennen über 16 Kilometer. „Er ist beim Einlaufen neben mir hergerannt, ein nobler English Setter, erhobenen Hauptes. Und plötzlich sehe ich einen anderen Setter, einen braunen Irish Setter. Eine Dame mit Minirock, blonden Haaren und toller Figur führte ihn bzw. sie an der Leine. Sie bleibt stehen und sagt: ‚Mei liab.' Ich antworte: ‚Meinen Sie mich?' Sie lacht und sagt: ‚Nein, Ihren Hund, aber Sie auch.' Und sie meint: ‚Lassen wir die Hunde doch ein bisschen spielen.' Sag' ich: ‚Naja, mein Arik ist aber ein großer Liebhaber.'" Beide Hundebesitzer öffneten dennoch die Leine. „Und schon war's geschehen. Er hat sie zwei Meter neben uns geliebt, dass die Fetzen geflogen sind. ‚Es tut mir leid', hab' ich zu der Dame gesagt, ‚aber ich muss jetzt zum Start.' Und ich hab' auch keine Telefonnummer oder so gesagt, sollte es irgendwelche Hundebabys geben."

Ob es welche gab, ist nicht bekannt. Dafür aber, dass Arik tagelang Liebeskummer hatte: „Er hat sich jede Nacht ans Fensterbrett gestellt und laut geheult wie ein Wolf. Solche Sehnsucht hatte er."

Christians treuer Freund Arik.

Apropos Tierwelt: Christian nahm vor seinen Rennen immer Anleihen aus dem Tierreich. In der Wüste nahm er sich das Kamel zum Vorbild (und mutierte dann zur Ente …), im Himalaya den Yak. „*Ein Tier, das vielleicht nicht so spektakulär Gas gibt, das sich aber stetig und kontinuierlich in großen Höhen bewegt.*“ Dass er später in Indien aufs Gas drückte, als wären Hunderte wild gewordener Yaks hinter ihm her, sei an dieser Stelle nur erwähnt.

„Jagd am Gösseck“

Christians absoluter Favorit beim Training war das Gösseck. Einmal hätten sich aber ein paar Jäger gewünscht, er wäre an dem Tag niemals dort aufgetaucht: Christian lief auf einer Wiese an einem Felsvorsprung vorbei zu einem großen Baum – und plötzlich stand zehn Meter vor ihm ein kapitaler Hirsch! Der Hirsch schaute Christian an. Christian blieb stehen und schaute den Hirschen an. Dann machte das schöne Tier kehrt und verschwand im Wald. „Sofort ist ein Jaga-Hut vom Baum geflogen und eine männliche Stimme hat ‚Kruzifix!‘ geschrien“, erinnert sich Christian. Der Jäger hatte

Das Gipfelkreuz auf dem Gösseck (2.215 m), der „Hausberg" in Christians Trainingsgebiet im Liesingtal.

einen Jagdgast aus Bayern, dem er den Hirschen versprochen hatte. So wurde Christian ungewollt wieder zum Lebensretter ...

Aber auch einer, der mit Hirschen, Steinböcken oder Gämsen per Du ist, ist am Berg nicht unverwundbar. Christian riskierte bei seinen Läufen am Berg immer mehr, je näher der „Himalaya Run" rückte. Vor allem beim Bergablaufen. Bei einem rasanten Lauf vom 2.416 Meter hohen Hochreichart hinunter ins 700 Meter tief gelegene Mautern plünderte Christian sein gesamtes Glücks-Konto auf einmal und verhinderte nur mit größter Kraftanstrengung einen Absturz. Auf einer extrem steilen Wiese geriet er ins Rutschen, er versuchte sich an einem Busch festzuhalten, riss diesen aber aus und er konnte den freien Fall erst wenige Meter vor dem Abbruch unter Einsatz von Händen und Füßen stoppen. Christian war von oben bis unten blau und mit Schürfwunden übersät. Und auch auf dem Gösseck war er bereits öfters ins Rutschen geraten, als er dem von den Gämsen losgetretenen Geröll ausweichen wollte.

Diese gefährlichen Ausrutscher waren der Anlass, dass Christian gerne das Angebot annahm, beim Rottenmanner Tauern-Adventure-Race teilzunehmen. Eine willkommene Abwechslung. Das Adventure Race ist ein Event für Teams, die aus einem Mountainbiker, einem Paragleiter, einem Straßenradfahrer, einem Straßenläufer und einem Bergläufer (das war Christians Part) bestehen. Christian übergab als Drittplatzierter an den Paragleiter. Doch der stürzte danach ab. *„Gott sei Dank ist er in den Bäumen gelandet. Es ist ihm nichts passiert."*

Tage später und nur wenige Tage vor dem Abflug nach Indien war Christian bereits wieder mit Vollgas am Berg unterwegs. Bei einem Trainingslauf in einem Hohlweg am Gföllturm traf er einen Bauern. Beide wollten bergauf. „Glaubst du, du bist schneller oben als ich?", fragte der Mann. *„Sicher"*, antwortete Christian. Die beiden veranstalteten das wohl verrückteste Rennen, das es im Liesingtal je gegeben hat. Traktor gegen Schiester – durch einen extrem steilen Hohlweg. Distanz: etwa ein Kilometer, 200 Höhenmeter. Sieger: Schiester. *„Oben hatte ich etwa 70 Meter Vorsprung ..."* Preis für den Sieger: ein Fass Bier. *„Das wird mir nach den Qualen und Entbehrungen im Himalaya gut schmecken, aber bis dorthin bleib' ich doch lieber bei meiner täglichen Dosis, die Flügel verleiht."*

11 Flügel für alle

„Es gibt keine Ausreden. Jeder kann es schaffen. Jeder kann sich täglich bewegen."

Was Christian geschafft hat, ist natürlich nur im Ansatz zum Nachmachen geeignet. Fragen Sie lieber Ihren Arzt. Aber: Jeder kann sich bewegen. Jeder kann etwas für seine Kondition tun. Jeder kann. Jetzt fehlt nur noch der Wille. Die Motivation überlassen wir gerne Christian Schiester:

„Stärke entsteht durch Gleichmäßigkeit. Das ist auch bei der Schwäche so. Das heißt, wenn du ständig ein bisschen etwas tust, wirst du immer stärker. Aber wenn du lange nichts tust, wirst du natürlich immer schwächer."

„Viele glauben, man muss jeden Tag zwei Stunden etwas tun. Das ist nicht wahr. Ich muss es tun. Ich hab' aber auch ganz andere Ziele. Aber jemand, der einfach einen Rhythmus in sich reinbringen will, für den reicht es, wenn er sich das Radl vor den Fernseher stellt und sagt: Ich radl vom Start der Zeit im Bild bis zum Wetterbericht. Das sind 20 Minuten. Und wenn's Wetter anfängt, und das interessiert mich ohnehin nicht, dann steig ich wieder runter, geh mich duschen und schau mir den Sport oder die Seitenblicke an. Das heißt: Diese 20 Minuten, die zu deinem Tagesablauf gehören, machen dich so stark. Nicht nur körperlich schärfen sie dich, geistig auch. Weil du irgendetwas getan hast. Für dich."

„Es geht um Selbstdisziplin. Bei mir gibt es seit Jahren keinen trainingsfreien Tag. Okay, nach dem „Jungle Marathon". Da bin ich vier Tage wegen der Blasen nicht gelaufen. Dann bin ich aber schon wieder am Radl gesessen. Das waren meine letzten trainingsfreien Tage. Im Oktober 2006."

„Viele Menschen fragen mich: Wie fange ich mit Sport an? Ich sage: Pass auf, der Monat hat 30 Tage. Fang heute gleich an und renn' eine Minute am Stand. Morgen läufst du zwei Minuten. Übermorgen drei. Am Ende des Monats rennst du 30 Minuten. Das ist eine Wahnsinnssteigerung!"

„Es geht doch darum: Einfach dieses Gefühl ins Hirn reinzukriegen. Was mir oft passiert, ist, dass ich den ganzen Tag unterwegs war und um zehn Uhr nach Hause

komme. Dann hau' ich mich schnell noch auf den Ergometer oder aufs Laufband. Und ich kann in mein Trainingstagebuch schon wieder etwas eintragen: 20 oder sogar nur 15 Minuten. Und ich bin am nächsten Tag nicht schwächer geworden, weil ich mich mit einem schlechten Gewissen plage, sondern stärker. Obwohl mich die 20 Minuten natürlich nicht nach vorne hauen. Und ganz wichtig: Aufschreiben! Jedes Mal wirst du stärker. Im Kopf nämlich. Bei jedem Eintrag."

12 Himalaya Run 2004: Solo für einen Steirer

Bull

Jeder Schritt im Liesingtal sollte sich im Himalaya bezahlt machen

12 Himalaya Run 2004: Solo für einen Steirer

Am 28. Oktober 2004 betrat Christian indischen Boden – und er erlebte einen unerwarteten Klimaschock, als er gegen zwei Uhr früh aus dem Flughafengebäude am Indira Gandhi International Airport in Neu-Delhi trat. Jeder Atemzug tat weh, die Luft war dick wie nach einer Rauchbombenexplosion. Smog. Auch mitten in der Nacht raste der Schwerverkehr durch die 18-Millionen-Einwohner-Metropole. Die Fahrt zum Viersternehotel, das in Mitteleuropa unter „Absteige" firmieren würde, wurde zum Kulturschock. Auf und neben den Straßen lagen Tonnen von Müll – und es gab Verkehrsstaus rund um die Uhr. Auch um drei Uhr früh. Der über die ganze Stadt via Lautsprecher dröhnende Gesang des Muezzins beendete gegen fünf Uhr früh Christians kurze Nachtruhe vor dem Abflug nach Bagdogra. Von dort ging es per Jeep ins 1.768 Meter hoch gelegene Mirik im östlichen Himalaya, ins Gebiet der Westbengalen. Geschlafen wurde im Mirik Resort, eigentlich eine Unterkunft für Himalaya-Trekking-Touristen mit dem Charme einer alpinen Berghütte – vor allem wegen der rot-grün-karierten Wolldecken. Der Kanchenjunga, der sich mehr als 8.000 Meter über den Meeresspiegel erhebt, ist nur wenige Autostunden entfernt. Er ist der dritthöchste Berg der Welt.

Christian hatte in der Vorbereitung in acht Monaten 6.000 Kilometer zurückgelegt, er überwand dabei insgesamt 164.000 Höhenmeter. Das ist, als wäre er 43 Mal vom Meeresniveau aus auf den Großglockner, den höchsten Gipfel Österreichs, oder 512 Mal ins letzte und 86. Stockwerk des Empire State Buildings in New York gelaufen. Jeder Schritt sollte sich bezahlt machen.

Schon nach der ersten Etappe von Maneybhanjang (2.011 m) hinauf nach Sandakphu auf 3.666 Metern war klar: Die steirische Bergziege, der steirische Yak, der Freund der Steinböcke, würde hier nur schwer zu besiegen sein. Christian nahm die ersten Steilkehren spielerisch (andere mussten dort gehen!) und flog auf den Berg. In einem Dorf stand eine kleine Schulklasse und klatschte brav Applaus. Die Kinder in ihren blau-weißen Schuluniformen hatten noch nie einen Menschen derart spielerisch durch den Karst laufen gesehen.

24 Minuten nahm Christian der Konkurrenz ab, darunter der amerikanische 100-Meilen-Champion Barry Lewis. Als der zweitplatzierte Deutsche Kai Struke, ein bekannter Extrembergläufer, ins Ziel kam, hatte sich Christian bereits seine erste Suppe einverleibt und trockene Wäsche angezogen.

Die Sherpa Lodge in Sandakphu war für zwei Nächte das Lager der Läufer. Manche kamen schon nach der ersten Etappe völlig entkräftet oben an und fielen zitternd und in mehrere Decken gehüllt blitzartig in einen tiefen Schlaf. Für sie sollten die nächsten Tage zur Höllenqual werden.

Start zum „Himalaya Stage Race 2004". Grenzsoldaten zwischen Indien und Nepal (re.).

Die Lodge war eine Hütte aus Stein, die zwar vor der Feuchtigkeit schützte, die der hartnäckige Nebel über Nacht produzierte, sonst aber nicht wärmeisoliert war. Wer nachts mal austreten musste, überlegte sich das mindestens drei Mal. Denn für den Weg zum Plumpsklo musste man sich aus dem warmen Schlafsack schälen. Und schon im Gebäude zeigte Christians Suunto-Uhr null Grad an. Innen hatten sich über Nacht wunderschöne Eisblumen am Fenster gebildet. Niemand entblößte nachts freiwillig mehr als nur die Nasenspitze.

Dafür war die Verpflegung etwas ganz anderes als beim „Marathon des Sables". Für die Läufer und die Organisation, die sich vornehmlich um die Quartiere und die Zeitnehmung und Markierung der Strecke kümmerte, wurde indisch gekocht bzw. aufgewärmt – es gab Huhn mit Reis und Gemüse und Currysuppe. Oder Rindfleisch. Und heißen, aber viel zu süßen Tee. Christian war extrem vorsichtig, was das Essen anging, und aß hauptsächlich die mitgebrachte Astronautennahrung oder das Reis-Fertiggericht. Zu sehr hatte sich die Erinnerung an die Durchfallattacken beim Wüstentrip in sein Gedächtnis gebrannt. Und vor dem Schlafengehen gönnte sich Christian einen heißen Energydrink für die zusätzliche Energiezufuhr.

Am ersten Morgen gab der Hochnebel auch endlich das frei, wofür jährlich Tausende Trekking-Touristen nach Sandakphu kommen: Der Kanchenjunga, ein 8.586 Meter hoher Bergriese, war zum Greifen nah. Die Sonne hatte als knallroter Feuerball den Giganten freigelegt, hatte den Nebel verscheucht, der jeden Tag gegen Mittag die Gipfel der Achttausender total verhüllt. Und in der Ferne, allerdings mikroskopisch klein, waren auch die Spitzen von Mount Everest, Lhotse und Makalu zu sehen. Christian: *„Allein dieser Anblick entschädigt für die vielen Qualen."*

Christian hatte nach den Ausrutschern am Hochreichart und am Gösseck höllische Angst vor dem Bergablaufen und gab bergauf stets Vollgas, um danach kein erhöhtes Risiko mehr eingehen zu müssen. Auf den Etappen zwei und drei lieferte sich Christian mit Hannes Schmid, einem ehemaligen deutschen 3.000-m-Hindernis-Meister, ein packendes Duell und beide Male liefen sie ex aequo durchs Ziel.

Christian war geradezu euphorisch. „Das war heute eine Schlacht", sagte er nach der dritten Etappe auf dem mitunter unvorstellbar steilen Weg von Sandakphu hinunter nach Rimbik. Um dem Wasser, das vom Berg runterkommt, die Möglichkeit zu geben, abzufließen, machen die Bauern knöcheltiefe Rillen in den Weg. An ein normales Laufen ist dort nicht zu denken. Die Läufer sprangen über die Rillen wie Springböcke – eine unglaubliche Belastung für die Sprunggelenke und die Wirbelsäule.

Die letzten sieben Kilometer flogen Christian und Hannes Schmid im Highspeed durch den Dschungel im Gebiet Darjeeling, vorbei an den Teeplantagen und an den verblüfften Bauern und Schulkindern – denn nackte Männerwaden gelten in den ländlichen Gebieten Indiens als ausgemachte Sensation und als „unfein".

In Rimbik gab es auch die erste Duschmöglichkeit, seit die Läufer Mirik verlassen hatten. Was heißt hier duschen? In der Küche der Sherpa Lodge wurde ein riesiger Kessel Wasser aufgekocht. Der Herr des Hauses stellte einen Kübel davon vor die Türe der Dusche. Dort drinnen kam aus den Schläuchen nur eiskaltes Wasser. Man nahm das heiße und das eiskalte Wasser und mischte es in einer Art Messbecher mit Griff und leerte sich das Ganze, Schöpfer für Schöpfer, über den Körper.

Nach drei Etappen lag Christian in der Gesamtwertung 47 Minuten vor Hannes Schmid. 50 Kilometer waren noch zurückzulegen. Und Christian wusste: *„Wenn ich keinen falschen Schritt mache, ist mir der Sieg nicht mehr zu nehmen. Andererseits war mir klar: Machst du einen falschen Schritt, dann war die ganze Mühe und auch der Aufwand meines Sponsors Red Bull umsonst."*

Die „Unterkunft" auf 3.666 Metern – bei null Grad ohne Heizung. Siegerehrung mit Veranstalter CS Pandey (re.). Geschafft: Zieleinlauf beim Himalaya Run mit der österreichischen Flagge!

An diesem Abend – George W. Bush war soeben zum zweiten Mal zum Präsidenten der USA gewählt worden – rief Himalaya-Race-Veranstalter CS Pandey, ein feingliedriger, zerbrechlich wirkender Inder, der seinen Lebensunterhalt allein mit der Organisation dieses Rennens verdient, zum indischen Fest in Rimbik. Auf einer Wiese wurde zelebriert – und die Läufer waren aufgerufen, etwas ganz Charakteristisches aus ihrem Land vorzutragen. Die Neuseeländer etwa zeigten den temperamentvollen Maori-Tanz „Haka", den man von der Rugby-Nationalmannschaft, den All Blacks, besser kennt. Die Südafrikaner rezitierten in Afrikaans, Veranstalter Pandey selbst trug ein zuckersüßes, indisches Liebeslied vor.

Christian organisierte spontan einen Chor aus deutschen und österreichischen Teilnehmern – auch der Kapfenberger Helmut Linzbichler, läuferisches Urgestein und Bergsteiger, der mit 67 Jahren als ältester Nicht-Asiate im Juni 2008 den Mount Everest erklomm, war mit seiner Frau dabei. Gesungen wurde ein steirischer Jodler: „Trihuljo, kaft´s ma an Kuadreck o". Mit Christian als Leadsänger und „Bandleader". Ein voller Erfolg. Und ein zutiefst emotionales Erlebnis für Christian. Um diesen Jodler hatten ihn die Leute in Mautern immer am Wirtshaustisch gebeten. Und Christian hatte ihn früher umso lauter gesungen, je mehr er zuvor gesoffen hatte …

„Jodler"
Trihuljo, kaft´s ma an Kuadreck o
Trihuljo kaft´s ma an o,
Trihuljo wann a eich z dreckat is
Trihuljo woscht´zn eich o.
A so a worma Kuadreck
hollaradirija hollaradio
is für olles guat jo
hollaradirijaho
Im Winta für an Brustfleck
hollaradirija hollaradio
im Summa für an Huat jo
hollaradirija ho

Zwei Abende später saß Christian im Mirik Resort und zog zufrieden an einer Pfeife mit süßem Kirschtabak und trank ein Bier. Oder auch drei, wie damals in New York. Er hatte auch die Etappen vier und fünf des 14. „Himalaya Run"s gewonnen. Er hatte somit alle fünf Etappen gewonnen! Er hatte den Streckenrekord

von Michael Wardlon aus dem Jahr 2001 um 15 Minuten unterboten. Für die 162 Kilometer und 7.000 Höhenmeter bergauf und 4.300 bergab hatte er die Rekordzeit von 14 Stunden und 43 Minuten benötigt. Hannes Schmid und Kai Struke lagen im Ziel rund eine Stunde zurück. Barry Lewis, der amerikanische 100-Meilen-Champion, der als großer Favorit angereist war, büßte zwei Stunden auf Christian ein. *„Meine Taktik, sehr flott bergauf zu laufen, mich aber bergab zu schonen und kein unnötiges Risiko einzugehen, war gut. Richtigen Respekt hatte ich nur vor der Bergabrakete Hannes Schmid, der bereit war, alles zu riskieren, und die steilen Abstiege ohne Rücksicht auf Verluste hinunter knüppelte."*

Übrigens: Auch im Jahr 2008 gab es beim „Himalaya Run" einen österreichischen Sieger. Der Oberösterreicher Hubert Gantioler gewann in 14 Stunden und 58 Minuten. Christians Rekord hat also noch immer Bestand.

„Besser kann ich nicht laufen", notierte Christian später auf dem Flug von Badgogra nach Neu-Delhi in sein Tagebuch. *„Jetzt weiß ich, warum ich teilweise auf allen vieren auf den Bergen in der Steiermark herumgekrabbelt bin. Die monatelangen Qualen haben sich bezahlt gemacht."* Fünf Kilogramm hatte Christian im Himalaya abgenommen, die Wirbelsäule schmerzte vom Bergablaufen, trotzdem kniete er sich im Ziel vor Glück nieder. Mit der österreichischen Fahne in der Hand. *„Ein schönes Gefühl, für Österreich auf einem anderen Kontinent gesiegt zu haben – und einer der ergreifendsten Momente in meinem Leben."* Es war der 4. November 2004. Exakt 13 Jahre zuvor hatte Christians Leben einen Haken geschlagen. Damals in New York.

Für die Busfahrt zurück ins Mirik Resort hatte der Veranstalter für jeden Finisher eine Flasche indisches King Fisher Bier und ein paar Snacks bereitgestellt. *„Das kalte Bier ist wie Öl runtergelaufen. Und direkt ins Hirn gefahren."*

Für die große Siegesfeier im Resort ließ Christian aber eigens aus Kalkutta eine Ration Red Bull einfliegen: *„400 Dosen waren für mich allein zu viel. Da konnten locker alle 50 Teilnehmer kräftig Energie nachtanken."*

„Jeder Schritt während eines Extremmarathons tut weh –
aber das Gefühl im Ziel ist unbeschreiblich schön."

13 Der schnellste Mann der Welt

Indien. Allein das Wort weckt Assoziationen einer großen Kultur. Man denkt an Gandhi, an den Himalaya oder den Ganges, an den Indischen Ozean, an Tee und Teak und Tiger und an Kulturschätze wie das Taj Mahal in Agra oder auch an extrem scharfes Essen. Aber man denkt auch daran, dass Indien das bevölkerungsreichste Land nach China ist, angeblich die Atombombe besitzt, und man denkt an die ständig wachsende Armut und die unfassbare Kluft zwischen Arm und Reich.

Christian brauchte nicht an die Armut zu denken. Er sah sie. An jeder Ecke in Neu-Delhi lagen Bettler, die anboten, einem die Schuhe zu putzen, oder Frauen mit Kleinkindern, die in dreckige Tücher gewickelt waren und ihre Hand aufhielten. Christian gab, was er hatte. Auch die letzten Müsli- und Energy-Riegel, die er beim Rennen nicht verbraucht hatte.

Christian war auch in Agra. Mit dem Zug. Es drängelten sich so viele Menschen in den Waggon, dass man Angst haben musste, dieser würde platzen. Wenn man in Agra auf den Touristenpfaden bleibt, sieht man die Armut kaum. Aber Christian ahnte sie bei jedem Schritt. Um den Taj Mahal zu erreichen, mussten die Fremdenführer die Trauben von Bettlern unsanft beiseite stoßen. Überall standen Warnschilder, die darauf hinwiesen, man solle sorgfältig auf sein Hab und Gut auf-

Indiens schöne Seite: der Taj Mahal, eines der „neuen" Weltwunder.

passen, Kameras immer um den Hals hängen und sich nicht von den markierten Wegen entfernen.

Der Taj Mahal, ein Monument, das eigentlich ein Mausoleum ist und an dessen Fertigstellung mehr als 1.000 Elefanten beteiligt waren, strahlte. Die Sonne war gleißend und die 28 verschiedenen Edelsteinarten, die zu Hunderten in den Marmor eingelassen waren, blitzten.

Doch weder der Taj Mahal noch die späteren, von der Reiseleitung organisierten und unausweichlichen Besuche bei Marmor- und Schmuckhändlern brannten sich am tiefsten in Christians Erinnerung ein. Es war das Grauen, das er nachts vor der Rückfahrt am Bahnhof des 1,4-Millionen-Einwohner-Molochs erlebte. Unter den Waggons, wo Berge von Müll lagen, quiekte es. Hunderte riesige Ratten tummelten sich im Abfall und flitzten aufgeregt auf den Schienen hin und her. Ein ekeliges Schauspiel.

Dann kam der Junge mit dem Elefantenfuß. Christian wusste nicht, ob er hinschauen oder wegschauen sollte. Einerseits konnte er sich dem Anblick des etwa 12-jährigen Jungen mit dem verkrüppelten Fuß nicht entziehen, andererseits war es auch ekelerregend. Christian hatte so etwas noch nie gesehen. Der linke Fuß des Jungen und auch der Rest des Körpers waren völlig normal. Das rechte Bein aber war ab dem Knie total verkrüppelt. Der Fuß selbst war so groß, wie wenn man einen normalen Fuß auf das Zehnfache seiner Größe aufgepumpt hätte. Der große Zeh glich eher einer Honigmelone. Die restlichen Zehen waren so groß wie Birnen.

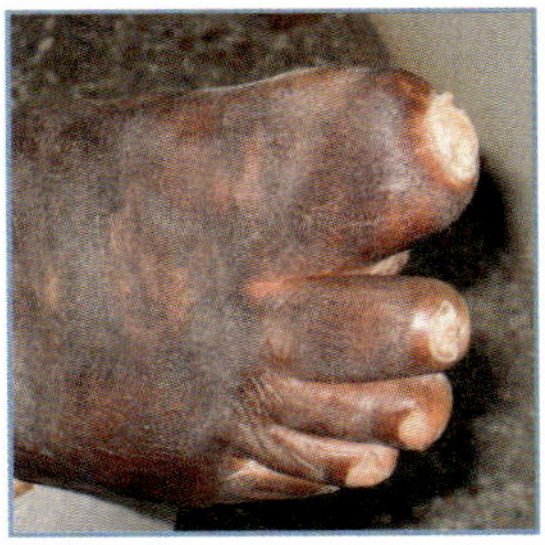

„Elefantenfuß"

Weltweit gibt es bereits 120 Millionen Menschen, die den Erreger der Elephantiasis in sich tragen – Fadenwürmer der Arten Wuchereria bancrofti, Brugia malayi und Brugia timori. In den menschlichen Körper gelangen sie, wenn eine infizierte Mücke beim Stich Würmerlarven in den Körper des Menschen pumpt. Die Larven wandern zu den Lymphknoten, wo sie dann zu Fadenwürmern heranwachsen. Bis zu zehn Zentimeter lang und fünf Jahre alt werden diese Makrofilaria. Sie produzieren Millionen von Nachkommen-Larven oder Mikrofilarien, die beim nächsten Stich von einer anderen Mücke aufgesogen und weitergegeben werden.

Beim Elephantiasis-Patienten kommt es derweil zu einer Entzündung, und die Lymphe kann nicht mehr fließen. Dabei soll diese gelbweiße Körperflüssigkeit doch Bakterien und andere Fremdkörper abtransportieren. Daraufhin

Indien – eine beeindruckende, andere Welt. Christian und die Kobra – die Angst vor Schlangen ist geblieben (re.).

schwellen Beine, Arme und auch Genitalien an, die Haut verfärbt sich und bekommt Falten, es entstehen Beulen – so entwickeln sich Elefantenbeine, daher auch der Name Elefantenkrankheit. Etwa vier Prozent aller mit den Elephantiasis-Erregern Infizierten entwickeln diese Symptome. (Quelle: SPIEGEL Online, 25. 9. 2006)

Seit dem Jahr 2000 wurden in einer von der Weltgesundheitsorganisation unterstützten Initiative rund 1,9 Milliarden Einzeldosen einer einfachen Medikamentenkombination zur Behandlung verteilt. Mit dem von der Global Alliance to Eliminate Lymphatic Filariasis geleiteten Projekt konnte bisher sichergestellt werden, dass rund 6,6 Millionen Kinder nicht an Elefantiasis erkrankt sind. Das weitere Fortschreiten der Krankheit konnte bei 9,5 Millionen Menschen verhindert werden. Das berichtete die BBC im Oktober 2008. Ziel der Initiative ist es, diese Krankheit bis 2020 weltweit auszurotten. Das Programm hat bisher Behandlungsmöglichkeiten in 48 betroffenen Ländern geschaffen und mehr als 570 Millionen Menschen mit Medikamenten versorgt, darunter 100 Millionen Frauen und Kinder. Einem erhöhten Erkrankungsrisiko sind ein Fünftel der Weltbevölkerung, rund 1,3 Milliarden Menschen, ausgesetzt. Die Behandlung besteht aus der Kombination von zwei Medikamenten, die von den Pharmaunternehmen GlaxoSmithKline und Merck gespendet werden. Um sicherzustellen, dass sich die Krankheit nicht ausbreiten kann, müssen die Medikamente fünf Jahre lang einmal jährlich verabreicht werden.

In Neu-Delhi ließ Christian die Reise ausklingen. Ein leichter Husten machte ihm zu schaffen, er war froh, wenn er wieder steirische Bergluft atmen konnte. Unweit des India Gates (so etwas wie der Arc de Triomphe in Paris) überwand er auch seine Angst vor Schlangen. Zwischen den vielen Kricketspielern saß ein Schlangenbeschwörer, der eine Kobra zur Flöte „tanzen“ ließ. Das Ganze ist übrigens mehr ein Zirkustrick, als dass es mit übernatürlichen Fähigkeiten zu tun hätte. Das Tier ist

nämlich, wenn es aus dem dunklen Korb kommt, derart vom Tageslicht geblendet und schlaftrunken, dass es das erstbeste sich bewegende Objekt als potenziellen Gegner fixiert. Das ist meist die Flöte oder der Schlangenbeschwörer selbst. Die Schlange bedroht nun die sich rhythmisch hin- und herbewegende Flöte, wobei sie ihren Kopf stets nach deren Bewegungen ausrichtet, um jederzeit „zubeißen" zu können (denn die Zähne der Kobra wurden ja entschärft). Ihr scheinbarer Tanz ist also zunächst eine bloße Abwehrstellung im Rahmen des arttypischen Verteidigungsschemas.

Christian jedenfalls ließ sich die Kobra auf einem Korbdeckel reichen und sich so fotografieren. An seinem großen Respekt vor Schlangen änderte das bis heute nichts.

In Neu-Delhi charterte Christian fürs Sightseeing ein Motorrad-Taxi. Das ist eine Kutsche, die von einem Motorrad gezogen wird. Sozusagen ein motorisierter Fiaker. Der junge Führer namens Prajit sprach auch noch ganz passabel Englisch, sodass es keine Kommunikationsprobleme gab. Christian ließ sich zum Gate of India und zur Paradestraße bringen oder auch dorthin, wo mitten in Neu-Delhi Affen hausen und von Dach zu Dach, von Balkon zu Balkon springen und sich wie ausgelassene kleine Kinder gebärden. Prajit wusste auch, wo man gut essen kann. Nach dem Mittagessen am letzten Tag in Indien lernte Christian den „schnellsten Mann der Welt" kennen.

Als Christian sich nach dem Essen von Prajit abholen ließ und in seine Kutsche stieg, traute er seinen Augen nicht. Von der anderen Straßenseite lief ein extrem abgemagerter Inder in Lumpen und in Höllentempo auf die Straße, und während Prajit bereits Tempo machte, rannte der Unbekannte in Sandalen neben Christian her und hielt dabei die Hand zum Betteln auf. *„Er ist bestimmt einen Kilometer neben uns hergelaufen. Ich sag' euch: Das ist der schnellste Mann der Welt!"* Erst als Christian ihm ein paar Rupien zuwarf, blieb er stehen.

14 Von Mannerschnitten und Heidensterz

Am 8. November 2004 kehrte Christian aus Indien zurück. Der leichte Husten hatte sich – wie er Tage später von seinem Hausarzt feststellen lassen musste – zu einer veritablen Lungenentzündung ausgewachsen.

Für denselben Tag war er von Radio Burgenland eingeladen worden, in der Kochsendung „Mahlzeit Burgenland" sein Lieblingsrezept zu kochen und über seine Erlebnisse in Indien zu berichten. Essen war bekanntlich immer ein Thema in der Familie Schiester. Und wer schon einmal in den Genuss von Christians selbst gebackenem Marmorgugelhupf gekommen ist, vor allem, wenn er noch etwas warm ist, weiß, wovon die Rede ist.

Auf Radio Burgenland plauderte Christian eineinhalb Stunden einerseits über die noch frischen Erlebnisse im Himalaya und kochte andererseits live vor Publikum einen steirischen Brennsterz mit Apfelkompott.

Christian testet einen Spezialriegel, der durch Wasserentzug nicht gefrieren konnte.

„Sterz"

Steirischer Brennsterz mit Apfelkompott. Das Rezept stammt von Christians Mutter. Zum Sterz wird Apfelkompott gekocht: Zwei Äpfel schälen, achteln, in einem Liter Wasser mit Gewürznelken, Zimtrinde und Zucker weich kochen. Ausgekühlt servieren.

Sterz:

Zutaten:

20 dag Dinkelmehl
20 dag Heidenmehl (dasselbe wie Buchweizenmehl)
10 dag glattes Weizenmehl
15–25 dag Margarine
Staubzucker zum Bestreuen

Zubereitung:

Dinkel- Heiden- und Weizenmehl vermischen, mit einem Teelöffel Salz würzen und mit ca. einem Liter kochendem Wasser überbrühen. In einer großen Pfanne das Fett erhitzen, den Teig hineingeben, anrösten, bis er knusprig ist. Dann mit der Küchenschaufel wenden und die andere Seite ebenfalls anbraten lassen. Wenn beide Seiten goldbräunlich sind, durch Zerstoßen zerkleinern wie einen Kaiserschmarrn. Mit Staubzucker bestreuen und servieren. Guten Appetit!

Der Genussmensch Christian Schiester experimentierte immer wieder mit seiner Nahrung während der Rennen und natürlich auch im Training. Von der praktisch geschmacklosen, aber gehaltvollen Astronautennahrung war ja bereits die Rede. Von Bergsteigern ließ sich Christian den Rat geben, es mit Mannerschnitten zu versuchen: „*Sie gehen rasch ins Blut und sind leicht verdaulich.*" Christian erkannte auch, dass sein Körper, den er früher vor allem mit aus Fett Gebackenem mästete und quälte, in harten Trainingsphasen laut und deutlich nach dem rief, was ihm fehlte. „*Und es wird kein Schnitzel sein.*"

Für den „Jungle Marathon" im brasilianischen Amazonasgebiet experimentierte Christian zunächst, was das Trinksystem betraf: „Es muss ja auch noch etwas anderes geben, als die Flaschen vorne vor der Brust mitzuschleppen." Anleihe nahm er dabei bei den Iberern und deren „Botas". Das sind jene spanischen Lederbeutel, die man unter anderem aus dem Comic „Asterix bei den Spaniern" kennt und aus denen die Iberer ihren Wein schlürfen bzw. ihn sich aus mehreren Zentimetern Entfernung direkt in den Rachen spritzen.

In jeder Situation bei Kräften bleiben: Christian bei der Nahrungsaufnahme im Zelt.

Christian sollte später einen ähnlichen Beutel in seinen Rucksack einbauen lassen. Mit dem Vorteil, dass er den Behälter mit einem einfachen Schraubverschluss jederzeit öffnen und befüllen konnte und er zum Trinken nicht die Hände gebrauchen musste. Ein Schlauch wurde vom Rucksack direkt nach vorne geleitet, sodass Christian praktisch nur noch mit den Zähnen zuzupacken und dann trinken konnte.

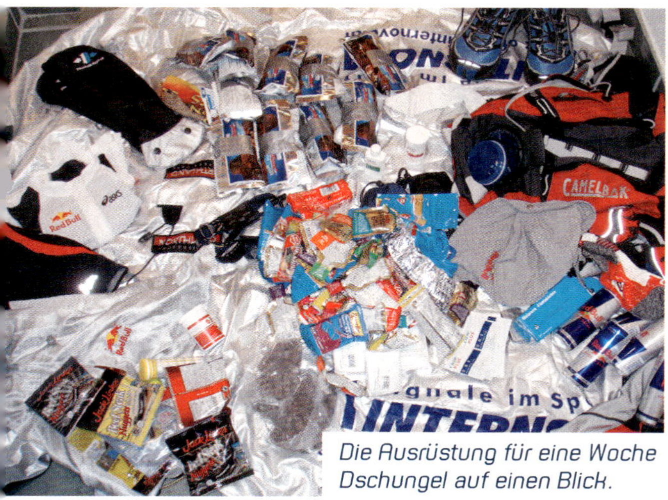

Die Ausrüstung für eine Woche Dschungel auf einen Blick.

Die unvermeidliche Astronautennahrung rührte sich Christian auch im Dschungel an. Dazu die eine oder andere Packung Mannerschnitten. Und dann stieß Christian bei seinen Recherchen auf etwas ganz Neues: ein Brei aus getrocknetem Rindfleisch mit

Honig und Fruchtsäften. „*Französische Mönche haben im 17. Jahrhundert auf ihren langen Märschen und Wallfahrten diesen breiartigen Snack mitgenommen. Angeblich soll diese eigenartige Kombination extrem schnell verloren gegangene Energie wieder zuführen.*" Außerdem mit im Gepäck: Aba-ri, eine Kraftsuppe aus Kräutern und Gewürzen, die seit Jahrhunderten am Persischen Golf und im Mittleren Osten als wahres Wundermittel gilt.

Das größte nahrungstechnische Problem war aber bei allen Rennen die Wasseraufnahme. „Ich habe immer wieder das Wassertrinken geübt, dem Körper muss praktisch dauernd Wasser zugeführt werden, damit er nicht dehydriert. Ich habe geübt, drei bis sechs Liter binnen weniger Stunden runterzubringen. Wer mag, kann es ja mal selbst ausprobieren, wie schwierig das ist. Nämlich vor allem dann, wenn man glaubt, das Wasser steht einem bereits bis zur Gurgel."

Aber auch einer wie Christian begeht in Sachen Ernährung grobe Fehler. „*Jahrelang war ich davon überzeugt, der ‚Mr. Superschlau' zu sein. Ich hab' zu früher Stunde Müsli mit Wasser, am Vortag angerührt, vor dem Start jedes Rennens runtergewürgt. Schmeckt wirklich erbärmlich!*" Erst bei einem Ländervergleichskampf, als Christian dem mehrfachen Berglauf-Weltmeister Helmut Schmuck sein „Geheimnis" in einem dunklen Winkel im Hotel anvertraute, wurde er eines Besseren belehrt. Schmuck erklärte ihm, dass dieser schwer verdauliche Brei rund acht Stunden wie ein Klumpen im Verdauungstrakt liegen bleibt. „*Das kostet jede Menge Energie zum Verdauen. Energie, die die Muskeln besser gebrauchen können, um sich fortzubewegen.*" Christian war wie vor den Kopf geschlagen: „*Niemandem außer dem Schmuck hätte ich in meiner Euphorie und dem Irrglauben, eine Geheimwaffe zu besitzen, geglaubt. Eine Geheimwaffe, die mich jahrelang gebremst und meinen Körper gequält hat.*"

Wenn Sie sich jetzt fragen, was man wirklich vor dem Start eines Halb- oder Marathons zu sich nehmen sollte, ein guter Rat vom Experten (und das ist kein Geheimnis!): „*Essen Sie leicht verdauliche Kost und zwar circa drei Stunden vor dem Rennen. Honigsemmeln und Kamillentee ist eine gute Wahl.*"

Christians Tipp: Warme Nahrung nimmt der Körper schneller auf!

„Fast Food"

Vor einem 25-km-Rennen in der Prater Hauptallee in Wien unternahmen Christian und sein früherer Arbeitskollege Josef Hauswirtshofer im Jahr 1991 einen grenzwertigen, ernährungstechnischen Selbstversuch: „Wir haben uns am Vortag mit allem vollgestopft, was verboten ist. Pommes frites, Hamburger, Big Mac, Soße. Ich wollte sehen, wie es sich anfühlt, das im Bauch zu haben, was ich früher so geliebt habe, und damit laufen zu gehen. Das Unerwartete war: Wir sind am nächsten Tag trotzdem ein gutes Rennen gelaufen. Ich hab' 1:27 Stunden gebraucht, der Josef etwas mehr. Die Botschaft ist: Wer vorher gut trainiert hat, darf auch sündigen."

Lauflegende Adolf „Dolfi" Gruber, Sepp „Schiwago" Hauswirtshofer, und Christian.

Red Bull
BAUERFEIND
BAD
RADKERSBURG
asics
BAUERFEIND

15 100 Badefahrten gegen einen Sieg beim „Himalaya Run" …

Auch nach dem Sieg beim „Himalaya Run" war Christians Kopf völlig leer. Seinen ersten Lebenstraum hatte er sich in der Wüste erfüllt und jetzt war der bisherige Höhepunkt erreicht. Er, der Schiester aus Mautern bei Leoben, er hatte sich in Rekordzeit zum Sieger des härtesten Berg-Extremmarathons der Welt gekürt. Er hatte alle Etappen gewonnen. Was sollte jetzt noch kommen? *„Es gibt nichts Heißeres als die Wüste, es gibt nichts Höheres als den Himalaya. Aber es gibt ein Rennen in der Antarktis"*, sagte Christian auf die vielen Fragen nach seinen neuen Zielen. Er sollte vorher einen Umweg durch den Dschungel machen.

Denn sein Körper verlangte nach mehr. Er musste seine Silke enttäuschen, die wieder auf ein Ende der läuferischen Hatz rund um den Erdball gehofft hatte. Zu groß war bereits die Sucht nach dem Kick. Die Sucht danach, den eigenen Körper bis an und über dessen Grenze zu treiben. Zu groß war die Sucht, immer weiter zu laufen.

In Mautern war Christian jetzt ein Held. Ein großer Sohn der Gemeinde. Aber noch nicht groß genug. Er wurde bei seiner Rückkehr aus Indien mit einer Riesenfeier auf dem Dorfplatz überrascht, die Blasmusik spielte zu seinen Ehren, Fackeln hüllten den Platz in feierliches Licht und Bürgermeister Peter Hölzl kürte den Schiester zum „sportlichen Botschafter der Gemeinde". Bei der Abstimmung im Gemeinderat, wer nächster Ehrenbürger von Mautern werden sollte, unterlag Christian allerdings einem Pensionisten, der etwas mehr als 100 Badefahrten in eine Therme organisiert hatte …

Christian verbarg seine Enttäuschung *(„damals wäre ich gerne Ehrenbürger geworden")* und rief den zahlreichen Schaulustigen zu: *„Wenn ich euch hier so sehe, dann fühle ich mich nicht wie der Sieger vom „Himalaya Run", dann fühle ich mich*

Christian, Gemeinderat Schöffauer, Bürgermeister Hölzl und Gemeindekassierin Wölfler (von li.).

eher wie ein Olympiasieger!" Christian bedankte sich in diesem Rahmen und in aller Öffentlichkeit auch bei Wolfgang Hirt: *„Er ist schuld, dass ich nicht mit 140 Kilogramm vor euch stehe und täglich 40 Zigaretten rauche.*" Hirt, der Obmann der Union Mautern, rief zur Belustigung der Menge zurück: „Kannst du dich an unseren ersten gemeinsamen Lauf erinnern? Es war der Kalvarienberg. Und jetzt? Der Himalaya."

Nachdem Christian sich das erste Paar Laufschuhe gekauft hatte, vereinbarten er und der Hirt, dass sie gleich am nächsten Tag gemeinsam laufen gehen wollten. Von Mautern zum Kalvarienberg und retour. Eine Strecke von zwei Kilometern. „Hingelaufen sind wir, aber zurück mussten wir gehen, so fertig war der Christian", erinnert sich Hirt.

Jetzt ging Christian auf neue Ziele los. Er suchte nach einer neuen Herausforderung, die sich von den bisherigen völlig unterscheiden musste. Was sollte er noch einmal in der Wüste? Was könnte in Sachen Berglauf den „Himalaya Run" toppen? Es musste wieder ein Rennen unter extremen Bedingungen sein. Der Dschungel!

In Brasilien, im Amazonasgebiet, veranstaltete Robert Pollhammer, Deutscher mit brasilianischer Ehefrau und früher selbst Läufer und Teilnehmer an vielen Ultra-Marathons, seit einigen Jahren den „Jungle Marathon". Christian stolperte im Internet drüber – und über einen Bericht von Pollhammer, den dieser in der Zeitschrift „Trail Running", Ausgabe 01/2005, verfasst hatte.

„Schulterhoch geht es durch das kühle Nass. Für viele wird sich dieses Element noch zum Problem entwickeln. Die Füße leiden", schreibt Pollhammer. Und: „Das Rennen ist härter als erwartet. Es sind die starken und erfahrenen Athleten, die die Rennleitung bitten, die lange Etappe zu kürzen." Christians Interesse war sofort entflammt. Umso mehr, da die Läufer wie beim „Marathon des Sables" die gesamte Ausrüstung für die sechstägige Tortur über 200 Kilometer auf dem Rücken tragen und lediglich 15 Liter Trinkwasser pro Tag vom Veranstalter zur Verfügung gestellt bekommen. Die weiteren Rahmenbedingungen: Geschlafen wird in der Hängematte, damit keine Tiere, die am Boden leben, die Nachtruhe stören – wie etwa bissige Ameisen. Als Schutz gegen Stechmücken, Schlangen, Spinnen, Sandfliegen und riesige Hirschkäfer gibt es ein Moskitonetz.

„Was wünscht sich ein 39-jähriger Extremsportler zum Geburtstag?", schrieb die drittgrößte Tageszeitung Österreichs, der „Kurier" am 12. Mai 2006. „Der Steirer Christian Schiester formuliert sein neues Ziel: den Dschungel-Marathon in Brasilien. 200 Kilometer sind zwischen 9. und 15. Oktober im Amazonasgebiet zurückzulegen."

Kurt Mayer, in jeder Situation an seiner Seite. Hier beim Saunatraining in Bad Radkersburg.

16 Zwei starke Männer für einen

Hinter einem starken Mann steht eine starke Frau, sagt man. Es können aber auch zwei starke Männer sein. „Kurt Mayer und Hermann Bechter haben mich durch ihre Philosophie zu dem gemacht, was ich heute sein darf.“ Zwei Interviews, um sich dem zu nähern, was Christian damit meint:

Kurt Mayer – der Masseur und „geistige Mentor“

Christian wird weder vor noch während oder nach den Rennen speziell medizinisch betreut. Aber es gibt einen, den man Christians „körperlichen Betreuer“ nennen könnte und der sich seit 1998 um Christians generelles Wohlbefinden kümmert. *„Und er ist auch derjenige, der mich erst so weit getrieben hat, dass ich Extremmarathons renne.“* Dieser Mann heißt Kurt Mayer, ist ausgebildeter Sportlehrer, mehrmaliger österreichischer Meister in den Mittel- und Langstreckenbewerben, begnadeter Masseur, und hat jahrelang als Physiotherapeut im Landeskrankenhaus Graz gearbeitet. Der 62-Jährige, der sich selbstständig gemacht hat und nun auch hohe Politiker und Bosse von großen Wirtschaftsunternehmen zu seinen Kunden zählt, genießt Christians vollstes Vertrauen. Er ist der Mann, dessen Philosophien Christian maßgeblich beeinflusst haben. Ein Interview der etwas anderen Art. Eine etwas andere Herangehensweise an das Phänomen und den Menschen Christian Schiester.

Kurt Mayer, Christians sportlicher Mentor.

Christian ist Ihnen bereits 1992 in Trofaiach aufgefallen. Sie sagten damals zu ihm: „Du bist ein Rohdiamant.“ Warum?

Kurt Mayer: Er ist mir aufgefallen, weil er so einen wunderschönen Laufstil hatte – und nach wie vor hat. Diese Natürlichkeit hat mich beeindruckt. Und irgendwie hab’ ich ihn von dort an verfolgt. Er ist ja ein immenses Rennprogramm gelaufen und hat dann massive Probleme bekommen. Zerrungen und Beschwerden an der Achillessehne. Da ist er 1998 bei mir aufgetaucht. Ich konnte ihm helfen. Er hat Vertrauen geschöpft. Ich glaube, dass er ein recht zurückgezogener Mensch ist, eher introvertiert. Er vertraut sich nicht gleich jedem an.

Wie sieht Ihre Behandlung konkret aus?

Kurt Mayer: Ich habe eine Art Massage entwickelt, bei der ich nur die Wirbelsäule bearbeite. Das Problem geht immer von der Wirbelsäule aus. Und wenn jemand Knieweh hat und ich drück' an der Wirbelsäule herum, dann wird das Knie besser. Ich verfolge sozusagen die Reizleitung, die zum Knie oder zur Achillessehne oder auch zum Tennisarm unterbrochen ist – oder zur Wade. Es entstehen ja leicht Irritationen in der Wade. Der Sportler glaubt immer, dass das eine Art Zerrung ist. Ich nenn' es nur Blockade. Speziell so ausdauernde Menschen wie der Christian haben keine Zerrung.

Wie sind Sie auf Ihre Methode gekommen? Sie ist ja unorthodox …

Kurt Mayer: Ich hab' lange Zeit im Krankenhaus als Physiotherapeut gearbeitet und hab' festgestellt, dass die medizinischen Diagnosen nicht immer richtig sind, speziell in den Extremitäten. Und ich bin draufgekommen, dass das eigentlich alles in der Wirbelsäule sitzt. Meine Klienten sagen, seit sie bei mir sind, brauchen sie eigentlich keinen Arzt mehr. Und so ist es auch beim Christian. Es gibt natürlich schon viele Problemchen bei Menschen mit so extremem Lebenswandel. Der Körper regeneriert von alleine oft nicht mehr. Aber meine Methode greift."

Wie haben Sie Ihre Methode entwickelt?

Kurt Mayer: Begonnen hat es mit meiner Sportlehrerausbildung. Dort hab' ich auch die Massageausbildung gemacht. Schon als 19-Jähriger hab' ich begeistert als Masseur gearbeitet und bescheidenen Erfolg gehabt und mir gedacht: Die beste Lehrzeit ist im Krankenhaus. Dort habe ich die Leute bis zu 50 Mal therapeutisch behandelt: Elektrotherapie, Turnübungen – und es hat nichts geholfen. Die klassische physikalische Therapie, wie wir sie jetzt kennen, gab es ja in den 70er-Jahren noch nicht. Ich war eher der Hausturnlehrer. Und durch meine Vorbildung als Masseur hab ich immer ganz vorsichtig gegen die Schulmedizin gearbeitet – und hatte Erfolg damit.

Gegen die Schulmedizin – da wird es aber bestimmt Probleme mit den Schulmedizinern gegeben haben …

Kurt Mayer: Natürlich hab' ich immer angeeckt, aber wenn der Patient zufrieden war, hat dann auch der Arzt sein Einverständnis gegeben und hat gesagt: Irgendwie wird es schon funktioniert haben. Ich hatte dann richtig Erfolg damit und vor 19 Jahren hab' ich mich selbstständig gemacht.

1998 kam Christian also mit Beschwerden zu Ihnen. Wie ging es weiter?

Kurt Mayer: Er hat bald gemeint, wir sollten auch trainingstechnisch zusammenarbeiten. Aber diese Verantwortung war mir zu groß. Ich hab' ihm dann einen Trainer organisiert, weil ich der Meinung war, er sollte sein Potenzial austesten.

Wer war dieser Trainer?

Kurt Mayer: Hubert Millonig. Die Trainergröße schlechthin.

Wie lange lief diese Zusammenarbeit?

Kurt Mayer: Drei Jahre. Das muss schon sein. Erstens kommt sonst nichts heraus und zweitens würde man sich vielleicht später den Vorwurf machen, man habe etwas versäumt. Ich glaube, man sollte überhaupt alle Dinge zu Ende machen. Sonst kann man nicht in Frieden altern. Denken Sie mal darüber nach.

Wie ging es dann mit der Kooperation Schiester-Mayer weiter?

Kurt Mayer: Christian war ein sehr erfolgreicher Läufer und wollte mehr. Aber wenn du einmal 30 bist, ist ja irgendwie zu bemerken, dass ein Ablaufdatum in Sicht ist. Er hatte sehr viel gewonnen, aber von dem hat man irgendwann nichts mehr, wenn man nur gewinnt. Im Lauf der Zeit hab' ich ihm also klargemacht, dass durch das Laufen eine völlig andere Kraft entstehen kann. Man sollte eigentlich nicht laufen des Sports wegen, des Laufens wegen. Sondern um Kraft zu schöpfen und diese dann im Beruf umzusetzen.

Wie kann sich das auf den Beruf auswirken?

Kurt Mayer: Ich laufe ja auch seit über 50 Jahren. Da kann man dann schon Andeutungen machen, dass die Kraft nicht aus dem Bierglas oder aus der Wurstsemmel kommt, sondern durch Ordnung halten und immer wieder üben. Wenn man das in die richtigen Bahnen bringt, beginnt man es positiv zu spüren. Da entsteht etwas im Kopf. Das konnte ich dem Christian plausibel erklären. Er war ja sehr erfolgreich in seinem Vertreterjob bei Alpenschild Gebell. Und ich hab' immer gesagt: Wenn es dich noch so nervt, steig' ins Auto und fahr' zu einem Waldrand hin und geh' laufen. Du wirst sehen: Es dreht sich. Der Ärger ist weg. Witzigerweise hat Christian das immer praktiziert. Und ich hab' auch gesagt: Mach' dein Training vom Millonig Hubert, aber geh' am Samstag oder Sonntag sehr weit laufen und stärke dich für Montag, damit du in deiner Firma der Beste bist. Und irgendwann, wenn du eine Idee hast und diese verfolgst, entsteht die Kraft, weil du der Beste werden willst. Du musst dir ein Ziel setzen und darfst das Ziel nicht aus den Augen lassen.

Aber es gibt trotzdem viele Menschen, die kein Ziel haben …

Kurt Mayer: Sie haben recht. Ich glaub', dass es in der Erziehung beginnt, dass die Leut' so orientierungslos herumlaufen. Ich glaub', Kindern braucht man ja nicht weiß Gott wie auf die Nerven zu gehen. Man muss ihnen nur ein ordentliches Leben vorleben. Und ich glaube, bei sehr vielen Kindern wird kein Leben vorgelebt. Der Vater tut es nicht, weil er gehört hat, wenn ich viel krank bin, schicken sie mich in Pension. Ja, ist das eine Perspektive für einen Menschen? Entsteht da im Hinterkopf ein Ziel? Der erste große Mensch ist der Vater. Und wenn der Vater ein Ziel hat, ist er für mich der Held. Ich will auch einmal ein Held sein. Aber später, wenn die Weichen gestellt sind, und ich leb' im heillosen Chaos und ich suche jetzt nach einem Helden, dann werde ich nicht die Kraft haben, zu leben wie dieser Held. Und dann wird's halt ein bisschen problematischer.

Wo kommt Christians Zielorientierung her?

Kurt Mayer: Er war anfangs relativ orientierungslos. In dieser Welt in Mautern bist du nur jemand, wenn du mitsäufst. Er ist also eine Zeit lang orientierungslos herumgerannt, aber im Hinterstübchen hat er immer den Gedanken gehabt: Ich wollte irgendwie anders sein als mein Vater. Damals dürfte er es noch nicht gewusst haben. Aber er hat schon früh begonnen, sich aufzulehnen. Unbewusst.

Aber Christian ist noch nicht am Ziel …

Kurt Mayer: Das, was er jetzt macht, hat ein Ablaufdatum. Das kann er nicht mehr lange machen. Ich glaube, dass er Fähigkeiten besitzt, abgesehen von der Urkraft, die in ihm schlummert, die sich langsam herauskristallisieren. Er ist vielleicht einfach nur ein besonderer Mensch, der noch gar nicht weiß, wo er wirklich hin will. Weil, extrem zu laufen, da bin ich noch nicht zu Hause. Ich glaub', dass er noch nicht richtig zu sich gefunden hat. Dass das extreme Laufen eine Ablenkung ist. Ich bin immer baff, wie er sich in seiner Firma weiterentwickelt, ohne dass er wirklich weiß, wie's morgen weitergeht. Er hat die Gabe, aus dem Augenblick das Maximum herauszuholen.

Christian bezeichnet Sie auch als Mentor. Was tun Sie über die körperliche Betreuung hinaus?

Kurt Mayer: Ich habe bald erkannt, dass ich durch das riesige Vertrauen, das er in mich setzt, eine Riesenverantwortung habe. Und ich versuche, Reize zu setzen, damit er sich weiterentwickelt.

Heilende Hände: Kurt Mayer mit Christian nach dem Schwimmtraining.

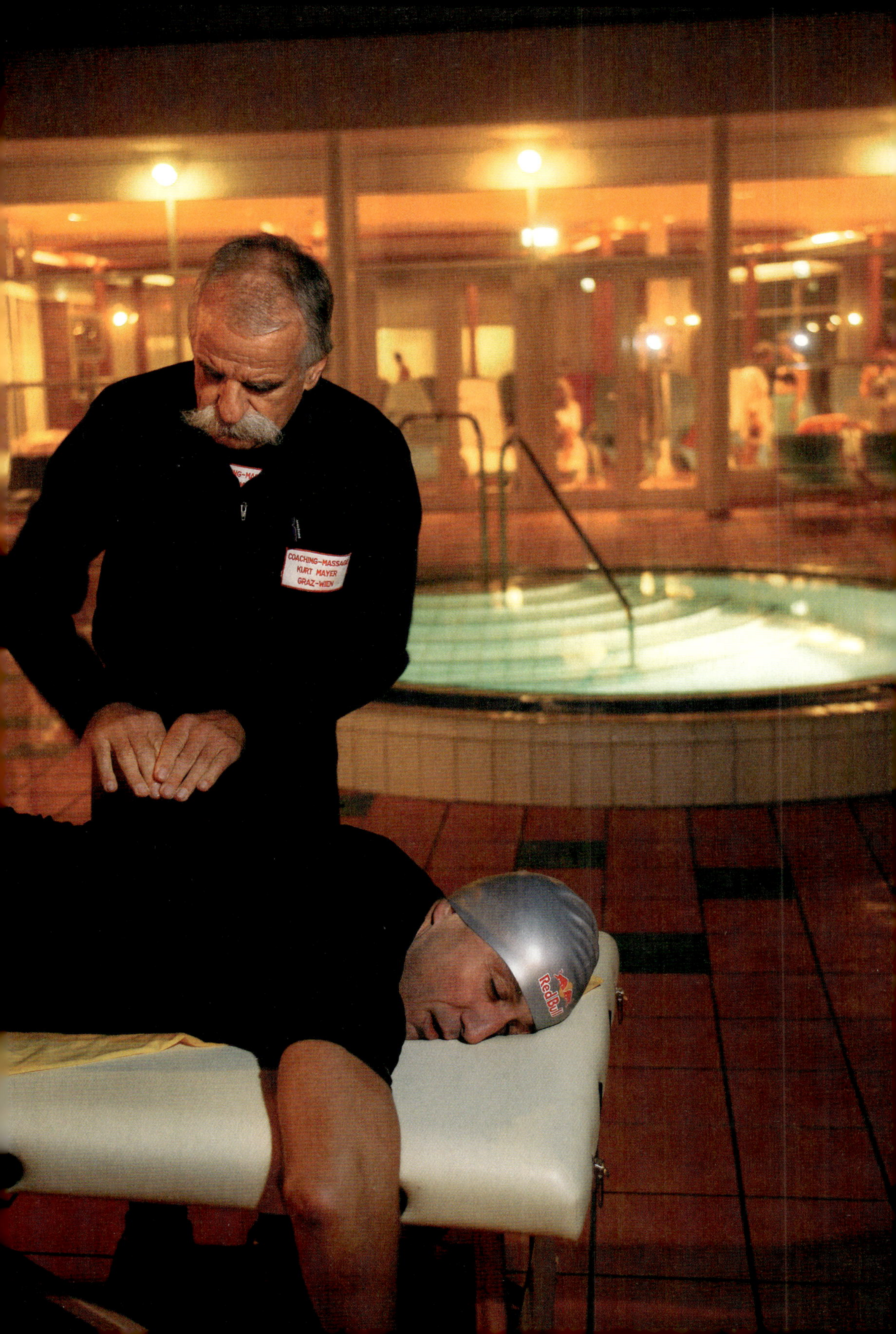
COACHING-MASSAGE
KURT MAYER
GRAZ-WIEN
Red Bull

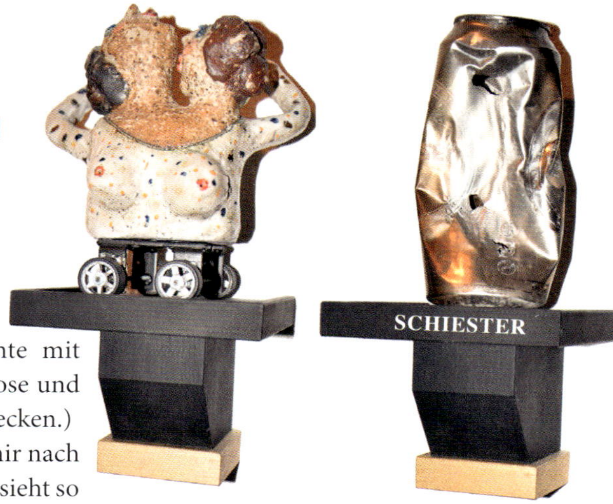

Kennen Sie die Geschichte mit der Bierdose? (Mayer holt eine Dose und schüttet den Inhalt in das Waschbecken.)

Er kommt eines Tages zu mir nach Graz. Ich bin ein Kunstfan, und er sieht so eine Skulptur bei mir und betrachtet sie und sagt und lacht: ‚Naja, haha, zahlt man dafür etwas?‘ Worauf ich sage: ‚Du musst es nicht so ablehnend betrachten, nur weil du es nicht verstehst, nur weil du es noch nicht kennengelernt hast.‘

Eine Woche später ruft er mich an und sagt: ‚Du, ich bin jetzt am Mitterkogel, Schneetreiben ist und dort oben campier ich jetzt. Aber stell dir vor, ich hatte so einen Durst. Vor drei Jahren hab' ich eine Dose Bier eingegraben. Die hab ich tatsächlich wieder gefunden und ausgegraben und ausgetrunken.‘ Sag ich: ‚Super!‘ Und da fällt mir die Bemerkung zu der Skulptur ein, die er nicht deuten konnte. Und ich sag' zu ihm: ‚Die Bierdose, wo hast du die?‘ Sagt er: ‚Die hab' ich ins Feuer gehaut.' Sag' ich: ‚Hol doch die Bierdose raus und bring sie mit.‘

Okay, er bringt eine verwuzelte Bierdose mit Löchern mit. Das nächste Mal kommt er wieder zu mir, nur steht jetzt dort, auf dem Sockel, wo die Skulptur stand, die Dose. Er tritt näher und neigt den Kopf und sagt: ‚Mmh, mmh … das ist ja ein echter Schiester!' Ich mein', ist das nicht eine Riesenbemerkung? Das wollte ich hören, ich wollte sehen, wie er mit dieser Blödheit umgeht. Ich glaube, das ist sein Geheimnis. So ist der Mensch Christian Schiester.

Ich hab' Klienten, die sind sehr kunstbeflissen. Und die kommen zu mir und ich stell' statt der Skulptur die Bierdose drauf und die sagen: ‚Was ist denn das?‘ Und ich sag': ‚Das ist ein echter Schiester‘, und erzähl ihnen die Geschichte. Und sie sind hingerissen. Nicht wegen der Bierdose. Wegen der Geschichte. Wegen dem Künstler Schiester. Und so sehe ich meine Aufgabe, den Christian zu lenken.

Hermann Bechter – der „Admiral“

Er war einer der Pioniere der Plakat- und Transparentwerbung in Österreich und machte seinen ersten großen Deal in den Siebzigerjahren mit den Veranstaltern des legendären Skirennens auf der Streif in Kitzbühel. Später landete der gebürtige Steirer und dreifache Familienvater bei der Firma Alpenschild Gebell. Dort traf Hermann Bechter den jungen Christian Schiester, der soeben seinen Job bei der Post „geschmissen“ hatte und der dabei war, sich einen Namen in der steirischen Laufszene zu machen. Christian nennt den „Admiral“ (der ihn auch mit dem Segel-Virus infizierte) einen „Ersatzvater“: *„Er hat mir die Diplomatie beigebracht.“*

Bechter und Christian waren ab 1994 gemeinsam für Schilder aller Art in

Hermann Bechter, Mentor Nr. 2.
Der Admiral auf der „Vagabund".

der Obersteiermark zuständig. Ein Interview über die Bedeutung des Wörtchens „jein", über die Besessenheit des Christian Schiester und über den Traum von der Weltumsegelung.

Christian bezeichnet Sie als seinen diplomatischen Lehrmeister, wie ist das zu verstehen?

Hermann Bechter: Er kam direkt von der Post. Und dort ist es ja so: Entweder es ist offen oder es ist geschlossen. Aber wenn du vom Umsatz lebst, und das in der Privatwirtschaft, dann geht es nicht, dass man solche Trennlinien zieht. Und auch nicht, dass man – wie es der Christian anfangs getan hat – dem Kunden, der eine andere Meinung hat, alles direkt ins Gesicht sagt. Dieses diplomatische Jein hat ihm gefehlt. Ich habe ihm beigebracht, dass man dem Kunden, und nicht nur dem, Zeit lassen muss, dass er in einen neuen Gedankengang hineinwächst. Das gilt zum Beispiel auch für den Umgang mit Kindern.

Hat Christian im Job anfangs Fehler gemacht?

Hermann Bechter: Nein, der Christian ist ja einer, der sehr schnell lernt. Er verfügt über eine Auffassungsgabe, die enorm ist. Aber er hat anfangs meine Nähe gesucht und mich gebeten, zu schwierigen Kunden mitzufahren. Ich hab' immer seine sportlichen Leistungen bei den Kunden erwähnt und in den Lokalzeitungen war er ja auch schon, auch dadurch hat er sich schnell Respekt erarbeitet. Aber bei seinem ersten Kundenbesuch bat er mich, mitzufahren. Der Kunde bot uns Tee an. Wer hat morgens schon etwas gegen Tee? Aber der Kunde hat etwas Schnaps in den Tee geschüttet. Der Christian, der Läufer, hat große Augen gemacht, sich aber nichts anmerken lassen und den Tee mit dem Schnaps brav ausgetrunken. Als wir dann wieder beim Auto waren, hat er zu mir gesagt: Hermann, fahr' besser du heute!

Später hat Christian ja einen Verkaufstrick ausgepackt, auch, um weniger Kontakt mit den Kunden zu haben …

Hermann Bechter: Die Sache mit dem Laptop. Das war ein Schachzug, den wir uns seinerzeit gemeinsam einfallen lassen haben. Wir wollten unbedingt einen Laptop, um die Pläne für die Beschilderung dort machen und mithilfe einer Kamera auch Bilder zeigen zu können. Der Chef hat das vorerst strikt abgelehnt, aber Christian ist ihm weiter damit in den Ohren gelegen und irgendwann hat er gesagt: Na, dann kaufen wir euch halt die Spielerei! Christian hat dadurch sehr hohe Vorteile errungen und die Mitbewerber an die Wand gespielt. Er hat vor Ort fotografiert und dann die mögliche Beschilderung virtuell eingefügt und dem Kunden zur Ansicht zugeschickt. Damit hat er sich viel Zeit gespart – auch fürs Training! Ich würde sagen, rund 80 Prozent der Schilder zwischen Radkersburg und Schladming und zwischen dem Wechsel und Turrach sind durch Christians Hände gegangen.

Christian bezeichnet Sie als privaten Mentor, wie sehen Sie Ihren Einfluss?

Hermann Bechter: Christian hat mich durch unsere Zusammenarbeit, glaub ich, als Vorbild genommen. Ich hab' ihn auch in meine Familie gebracht und er hat gesehen, wie wir miteinander umgehen. Anders als er es gewohnt war. Er war ja geprägt von seinem Stiefvater, der sehr hart mit ihm war. Aber ich habe ihm immer versucht zu sagen, dass er vielleicht nicht dieser Extremsportler geworden wäre, hätte er nicht diese Härte verspürt. Ich hab' gesagt: Du hast schon in der Jugend gelernt, mit Härte umzugehen. Und ich hab' ihm auch versucht aufzuzeigen, dass sein Stiefvater ihn trotzdem aufgefangen hat wie seinen eigenen Sohn.

Vielleicht ist Christian ja auch deshalb mental so stark …

Hermann Bechter: Was dafür der Auslöser war, kann ich nicht sagen. Er ist wohl in seiner Kindheit zu suchen. Er ist ein Besessener und er ist ungeduldig. So empfindet er zum Beispiel keinen Hunger, wenn er in seinem Element ist, wenn er etwas erledigen will. Das hab' ich öfters gesehen, zum Beispiel beim Boot-Reparieren oder -Putzen. Es gab keine Pausen für eine Jause. Da hat er nie nachgegeben. Für ihn gelten völlig andere Maßstäbe. Ich wollte einmal mit meinen beiden Enkeln, damals acht und zehn Jahre alt, und mit meinem Sohn wandern gehen und ruf' den Christian an und frag' ihn, ob er einen netten Weg weiß. Er weiß einen. Also kommen wir zu ihm und er ist bereit und sagt: Ich hab' schon das Zelt hergerichtet, wir werden oben am Gföllturm übernachten. Die Kinder schreien Hurra, und ich hab' gefragt: Und was essen und trinken wir? Da sagt er: Ich hab' einen 10-Liter-Kanister mit Wasser dabei und Würstel und Brot. Fürs Nachtmahl und das Frühstück reicht's. Okay, wir gehen und der Weg wird immer steiler und steiler und plötzlich ist er zu Ende. Der Christian war in seinem Element und ist auf dem Berg mit dem Kanister und dem Zelt am Rücken herumgerannt, um zu schauen, wo es weitergeht. Dann kommt er zurück und sagt: Es ist nicht mehr weit, wir müssen nur noch einen Felsen überwinden. Einen Felsen? Wir mussten über einen Steig und der Christian hat die Kinder geführt. Und oben waren wirklich ein Plateau und eine tolle Aussicht. Aber plötzlich kommt das Gewitter. Wir haben blitzschnell das Zelt aufgestellt, es hat gekracht und die Kinder hatten Angst. Als das dann zu Ende war, haben wir ein Feuer gemacht und gegessen und geschlafen. Nach dem Frühstück kam der Abstieg. Es war rutschig und extrem steil, wir haben uns an einem Wildzaun langsam nach unten gehantelt. Mein Sohn hat meine Frau angerufen und gesagt: Wir befinden uns in absoluter Lebensgefahr! Aber der Christian hat das alles nicht so dramatisch gesehen.

Ist Christian süchtig nach Herausforderungen?

Hermann Bechter: Das kann man so sagen. Ich hab' ihm am Meer, bei unseren Segeltörns, oft von Nachtfahrten erzählt. Und das wollte er auch immer. Und wir haben das ja nicht nur einmal gemacht! Ich erinnere mich aber an eine besonders finstere Nacht in den Lagunen von Grado, die sehr verzweigt sind. Plötzlich haben wir nicht mehr gewusst, ob wir links oder rechts, back- oder steuerbord fahren müssen. So etwas reizt ihn."

Apropos Segeln. Christians Traum nach Beendigung seiner Laufkarriere ist ja eine Weltumsegelung, haben Sie mit ihm darüber gesprochen?

Hermann Bechter: Ich weiß davon. Und ich glaube, dass er es vielleicht gerne mit unserem Boot, der „Vagabund", machen würde. Das ist nämlich eine richtige Herausforderung. Ich glaube nicht, dass es ihn reizt, mit einem ganz normalen Boot zu fahren. Unser Schiff ist ja bereits 44 Jahre alt und einem Riss von Charles Crane nachempfunden, der 1860 in England lebte. Er hat jenes Boot, das den America's Cup berühmt gemacht hat, entworfen. Unser Boot ist ein Unikat. Und es hat viel Platz. Man könnte oben an Deck ein Laufband aufstellen und er könnte dort trainieren oder genervte Manager mitnehmen, um ihnen ein einfaches Leben näherzubringen.

17 Jungle Marathon 2006: John Lennon lebt!

In seinem Online-Tagebuch für www.sport1.at (heute würde man „Blog“ sagen) am 11. Mai 2006 meinte Christian: „*… die Anreise wird viel bequemer als das, was mich im Dschungel dann erwartet.*“ Es sollte etwas anders kommen.

Aber zuvor stürzte sich Christian wie schon vor dem „Marathon des Sables“ und dem „Himalaya Run“ mit Akribie in die Vorbereitung. Und wie schon bei den anderen Extremrennen suchte er sich ein Tier als Vorbild: „*Ich glaube ja, dass es für alles, was wir Menschen tun, eine Entsprechung im Tierreich gibt. In der Wüste war ich das genügsame Kamel, in Indien der höhentaugliche Yak und im Urwald nehm’ ich mir ein Beispiel am Jaguar. Jaguare klettern nicht gut, sind aber gute Schwimmer und bewegen sich perfekt und effizient durch das Dickicht.*“

Wie simuliert man im Training die Bedingungen im Dschungel? Man wartet darauf, dass sich über Mittel- bzw. Südeuropa jene Affenhitze ausgebreitet hat, die uns in den vergangenen Jahren wunderbare Hochsommer beschert hat, und fährt dann auf eine abgelegene und nur spärlich besiedelte Insel in Kroatien: Susak. Bei einem seiner Segeltörns im Mittelmeer hatte Christian dieses Eiland entdeckt. Die Vegetation ist ursprünglich, die Wälder beinahe schon tropisch, durch die Hitze dampft es im Dickicht, die Luftfeuchtigkeit ist drückend und macht jeden Atemzug zur Qual. Vor allem, wenn man im Laufschritt unterwegs ist. 14 Tage lang schlug Christian sein Zelt am Strand auf, das Boot vor Anker.

Sein Resümee: „*Ich wollte den Dschungel fühlen – und wie ich ihn gefühlt habe!*“ Denn jeder Kilometer im Urwald zählt doppelt und dreifach. Das sollte er am Amazonas bereits auf der ersten Etappe bestätigt bekommen. „*Das ist mit normalem Laufen auf Asphalt oder selbst am Berg überhaupt nicht vergleichbar.*“ Christian war täglich drei Stunden unterwegs, jeder einzelne Schritt ein Abenteuer. „Die Augen tasten wie ein Scanner den Boden ab – aus Vorsicht vor Schlangen oder anderen Tieren und aus Vorsicht vor Bodenunebenheiten.“ Dazu kam täglich eine Stunde Schwimmtraining. Zwölf Wochen vor dem Start zum „Jungle Marathon“ kehrte Christian in die Zivilisation zurück. Jetzt war er gewappnet. Glaubte er.

Zu Hause war wieder die Sauna sein Revier: Bei 45 Grad und hoher Luftfeuchtigkeit trat Christian täglich drei Stunden in die Pedale und zwang sich, währenddessen drei bis sechs Liter Wasser zu trinken. Das führt beinahe bis zum Erbrechen. „*Aber diese Fähigkeit werde ich im Dschungel brauchen.*“ Das Training in der Sauna sollte helfen, bei der Ankunft in Santarém, von wo es mit einem Ausflugsschiff und mit den übrigen Teilnehmern in den Tapajós-Nationalpark am gleichnamigen Fluss gehen sollte, die Luftfeuchtigkeit von rund 90 Prozent leichter zu ertragen, und dazu beitragen, sich schneller akklimatisieren zu können.

Der Dschungel. „Eine gewaltige Natur, die dich umbringt, wenn du einen Fehler machst.“

17 Jungle Marathon 2006: John Lennon lebt!

Mit dem Skipper von der Bootsagentur John Lennon auf der Fahrt ins Dschungel-Basiscamp.

Doch Santarém war noch weit weg. Der Dschungel sowieso. Christian hatte geplant, am Freitag, 6. Oktober 2006, und damit drei Tage vor dem Startschuss des Rennens, von Wien über Barcelona und Lissabon nach Fortaleza und gleich weiter nach Santarém zu fliegen. Dort sollte es einen Transfer ins Basislager geben. Schon in Wien hatte die Maschine Verspätung. Den Anschlussflug in Barcelona erreichte Christian nur im Laufschritt, bevor sich das Gate schloss. Aber was war mit dem Gepäck? Mit der gesamten Ausrüstung, mit der Verpflegung für die kommenden neun Tage? Aus der quälenden, stundenlangen Ungewissheit, die Christian im Flugzeug den Schlaf raubte, wurde nach der Landung in Fortaleza bittere Realität: Das Gepäck hatte das Umsteigen in Barcelona nicht geschafft. Der Bürodirektor

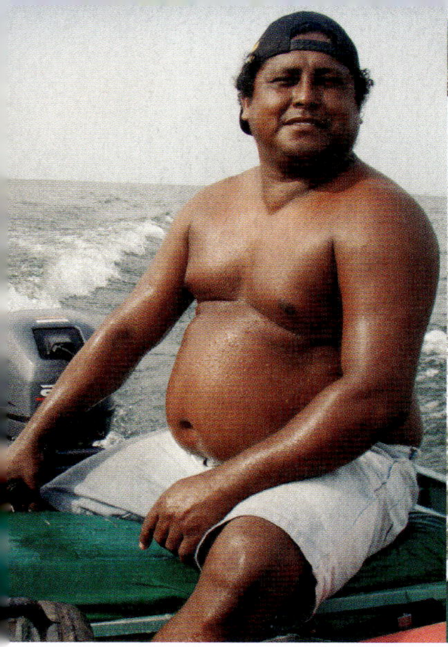

der portugiesischen Fluglinie TAP in Fortaleza, ein kleiner Mann mit Segelohren, meinte, Christian solle doch nach Santarém fliegen, er werde das Gepäck dann nachschicken. Darauf wollte sich Christian nicht einlassen. Nur mit einem kleinen Rucksack als Handgepäck bezogen Christian und sein Medienbetreuer (der sein Gepäck erst beim Rückflug nach Wien bekommen sollte) für einen Tag und eine Nacht ein Fünfsternehotel an der Playa von Fortaleza – bezahlt von der TAP. Inklusive Vollpension: Frühstück, Mittagessen, Abendessen. Inklusive Transfer vom und zum Flughafen. Und in der Hoffnung, das Gepäck möge kommen. „Ich habe mehrmals überlegt, ob das, was ich im Handgepäck hatte, gereicht hätte, um teilzunehmen. Das Ergebnis war jedes Mal negativ."

Christian trug nur das Nötigste am Leib: sein ASICS-Laufdress, Sonnenbrille, nichts zum Umziehen – außer dem Trainingsanzug. *„Nicht mal eine Zahnbürste hatte ich dabei. Dafür das Apfelbrot meiner Tante Justi als eiserne Ration."*

In diesem Outfit erschien er auch am Abend zum Dinner unter den anderen, fein gekleideten Gästen im Fünfsternehotel. *„Zum ersten Mal in meinem Leben wurde mir Soda mit einer Scheibe Zitrone direkt aus dem Sektkübel kredenzt."*

Fortaleza ist mit rund 2,3 Millionen Einwohnern eine der größten Städte Brasiliens im Norden des Landes. Fortaleza ist die Hauptstadt der Provinz Ceará. Ein Drittel der Bewohner lebt in Favelas, also in den Slums. Die Diskrepanz zwischen Arm und Reich ist in Fortaleza besonders ausgeprägt. Am Strand vor dem Hotel flanierten schon am späten Nachmittag, als die Dämmerung hereinbrach, die Prostituierten. Kein Mann, der sich in einem der vielen Cafés allein an einen Tisch setzte, war lange alleine. Die gewerblichen Damen gingen aggressiv zur Sache, in der Hoffnung, einer der Gäste aus den sündteuren Hotels werde sie für eine bezahlte Stunde mit aufs Zimmer nehmen. Fortaleza ist unter Sextouristen mittlerweile beliebter als Bangkok oder Phuket. Seit 2005 regiert Luzianne Lins als Bürgermeisterin die Stadt, deren Regierung scharf gegen den Sextourismus vorgeht. 2005 etwa wurden mehrere Deutsche verhaftet, die im Internet Sexferien in Fortaleza anboten.

17 Jungle Marathon 2006: John Lennon lebt!

Direkt vor Christians Hotel, an der Strandpromenade, standen Marktbuden. Die Händler boten allerlei Kitsch wie Muschelketten, T-Shirts und andere Souvenirs feil. Weiter unten am Strand handelten Dealer ganz offen und vor den Augen aller mit Drogen.

Christian verlebte eine unruhige Nacht. Der Albtraum von der ungeplanten Rückreise nach Österreich verfolgte ihn. Das Warten zerrte an den Nerven. Eine optimale Vorbereitung war das keineswegs. Um 19 Uhr dann die Gewissheit: Die knallgelbe Tasche mit dem ASICS-Logo und den Spuren aus der Wüste und dem Himalaya war angekommen. Im Spurt erreichte Christian die Maschine nach Santarém. „*Dort werden wir bestimmt erwartet.*" Er sollte sich irren.

Vier Stunden und zwei Zwischenlandungen später landete Christian gegen Mitternacht am Amazonas. Das Flughafengebäude von Santarém war kaum größer als das Postamt in Mautern. Dutzende Menschen, die heftig gestikulierten und wild durcheinander riefen, pressten sich durch den Raum ins Freie. Es war stockdunkel und extrem schwül. Eine Delegation, die Christian abholen sollte, war nicht zu sehen. Gott sei Dank konnte ein Mann aufgetrieben werden, der Englisch sprach. Er war Fluglotse. Er konnte sich daran erinnern, dass 24 Stunden zuvor eine große Menge an Sportlern gelandet war. Und er konnte sich auch erinnern, in welches Hotel sie gebracht worden waren. Dort, in Alter do Chão, einem verschlafenen Dorf am Amazonas, wusste man zunächst aber auch nicht, wohin die Dschungelmarathon-Gruppe gefahren war oder wo es am Montag – es war jetzt Sonntag gegen zwei Uhr früh – losgehen sollte. Es gebe aber einen Bootsverleih. Dort könne man Christian vielleicht weiterhelfen.

Drei Stunden später riss das Zimmertelefon Christian aus dem Schlaf. Die Besitzerin eines Bootsverleihs namens „John Lennon" (kein Witz!) wusste, wohin man die anderen Läufer gebracht hatte. Gegen einen Obolus von 500 US-Dollar könne man Christian dorthin, in den Tapajós-Nationalpark, bringen. 53 Stunden nach der Abreise aus Mautern sollte die Odyssee doch noch ein Happy End finden.

Bei der Ankunft im Basislager des „Jungle Marathon" wurde Christian wie ein Außerirdischer begafft. Niemand hatte mehr erwartet, dass der Österreicher noch rechtzeitig eintreffen würde. Gleich nach der Ankunft diktierte Christian seinem Medienbetreuer das vielleicht coolste Tagebuch für www.sport1.at in den Griffel. Ein Tagebuch, das wegen Schwierigkeiten bei der Übermittlung (pro Tag stand der einzige vor Ort befindliche Laptop dem einzigen mitgereisten Journalisten, der tagesaktuell arbeiten musste, nur eine halbe Stunde zur Verfügung, außerdem war die Satellitenverbindung extrem fehleranfällig) nie erschienen ist und deshalb hier im Original-Wortlaut zu lesen sein soll:

John Lennon lebt!

Wie eine „Pop-Ikone" Christian Schiester zum „Jungle Marathon" nach Ipatuama brachte … lesen Sie hier!

Die Odyssee des Steirers Christian Schiester endete am Sonntag gegen 13.00 Uhr im Camp des „Jungle Marathon" in Ipatuama am Amazonas-Ufer. Was eine „Pop-Ikone" damit zu tun hat und wie der Trip verlief, schreibt Christian Schiester in seinem Tagebuch – auf www.sport1.at.

Liebe sport1.at-User!

John Lennon lebt. Ich habe ihn entdeckt – im hintersten Winkel des brasilianischen Amazonas-Dschungels. Und er betreibt einen Bootsverleih …

Aber beginnen wir am Samstagabend: Das Bangen um mein Gepäck, das am Freitag noch verschollen war, hat am Flughafen von Fortaleza ein Ende. Der Flieger aus Lissabon spuckt meine gelbe ASICS-Tasche mit allem, was ich für das Rennen brauche, aus: Alles ist da, die Ausrüstung, meine spacige silberne Hängematte und die gesamte Nahrung. Im Sprint schaff' ich noch das Flugzeug nach Santarém, nach zwei Zwischenlandungen und vier Stunden bin ich meinem Ziel wieder einen Schritt näher. Doch die Organisatoren haben meine Mails mit Bitte um Transport nach Itapuama ins Start-Camp des „Jungle Marathon" offensichtlich nicht erhalten. Also checke ich mir im Hotel selbst eine Fahrt über den Amazonas …

Empfohlen wird mir die Agentur mit dem Namen „John Lennon." Als das kleine, mit 25 PS motorisierte Boot am Sonntagmorgen gegen 7.00 Uhr auftaucht, sitzt aber (natürlich) nicht der Ex-Beatle am Steuer, sondern ein dicker Brasilianer, der eher aussieht wie Fats Domino. Und finanziell dürfte es den beiden auch nicht besonders gut gehen: Satte 500 Dollar pro Nase kostet die fünfstündige Fahrt über den Amazonas.

Die Temperaturanzeige meiner Uhr klettert auf 42 Grad Celsius, das Wasser des Flusses ist lauwarm wie in einem gut beheizten Swimmingpool. Ich kümmere mich während der Fahrt um meine Ausrüstung, probiere den Rucksack, in dem ich alles, auch die Nahrung, für die bevorstehenden 200 Kilometer durch den Dschungel dabeihaben muss. Alles ist perfekt, rund zehn Kilogramm ist der Rucksack schwer – das ist zu schaffen. Und er wird ja von Tag zu Tag leichter.

Gegen Mittag erkennen wir am Horizont die ersten Hinweise auf das Camp. Meine Irrfahrt ist beendet. Seit meiner Abfahrt aus Leoben sind mittlerweile fast 53 Stunden vergangen.

(Der Tagebucheintrag wurde verspätet an eine private E-Mail-Adresse als CC gesendet und ist deshalb erhalten).

Das Basislager im Dschungel. Erstes Ziel: Gewöhnung an das Schlafen in der Hängematte!

17 Jungle Marathon 2006: John Lennon lebt!

Das Basislager im Dschungel.
Erstes Ziel: Gewöhnung an das Schlafen in der Hängematte!

17 Jungle Marathon 2006: John Lennon lebt!

Red Bull
Red Bull
asic

18 Die Nacht der langen Messer

Sie erinnern sich bestimmt daran, was Christian auf der kroatischen Mittelmeerinsel Susak gelernt hat: Jeder Schritt im Dschungel zählt doppelt und dreifach. Für die ersten 16,3 Kilometer nach Dona Irene benötigte er fast vier Stunden – um 57 Minuten mehr als der brasilianische Etappensieger Edenil Albuquerque Nogueira. *„Ich bin schon oft in meinem Leben 16 Kilometer gelaufen. Auf der Straße liegt meine Bestzeit bei 49:23 Minuten. Aber ich bin heute bestimmt zehn Mal hingefallen, einmal auf den Rücken geknallt und mehrmals auf dem Bauch gelandet. Die Bergabstücke waren so steil und rutschig, da war an ein normales Laufen nicht mehr zu denken.“* Und streckenweise lauerten Lianen wie Fußangeln unter dem Gestrüpp.

Schon nach den ersten Schritten schnellte Christians Puls in der schweren, feuchten Luft auf 180 Schläge pro Minute, bergauf waren es sogar 200. *„Meine Lunge hat gebrannt wie Feuer.“* Fünf Mal verirrte er sich im Dickicht. Die roten oder rosafarbenen Bänder, die Organisator Robert Pollhammer mit seiner Crew zur Orientierung an den Bäumen angebracht hatte, waren teilweise kaum zu sehen oder verschwunden. Kinder und auch Affen hatten sie zum Spielen entfernt. Christian irrte immer wieder im Dschungel herum oder lief zurück, bis er auf eine Markierung oder einen anderen Läufer traf.

Dennoch lag Christian nach dem ersten Teilstück auf Rang sechs. Sein Ziel, die top Drei, in Sichtweite. Im Ziel am Strand des Tapajós, eines Nebenarms des Amazonas, hechtete Christian direkt in den Fluss. Die Lust auf Abkühlung wischte die Angst vor den angeblich dort lauernden Stechrochen im Handstreich weg.

Christian nützte den Rest des Tages zur Regeneration, verkroch sich in seiner Hängematte. Keine gewöhnliche Hängematte, eher ein silberner Zeppelin als Rückzugsort für weitere Großtaten. Christian kann die eigens für den Dschungel und für ihn angefertigte „Behausung“ komplett und von außen nicht einsehbar schließen, sich seinen eigenen Mikrokosmos schaffen. Christian wollte alleine sein. Kontakt zu den anderen Läufern suchte er (noch) nicht.

Christians Spezialhängematte. Perfektes Rückzugsgebiet.

Red Bull
asics

Christian schlief schlecht und unruhig und startete mit flauem Gefühl im Magen in die zweite Etappe. *„Ich fühlte mich eigentlich nicht besonders gut, aber je länger es heute gedauert hat, desto besser war ich drauf.“* So gut drauf, dass er schon wieder übermütig wurde: Beim zweiten Checkpoint bei Kilometer acht (die Etappe führte über 24,5 km) erwartete ihn das Fernsehteam des Zweiten Deutschen Fernsehens (ZDF), das einen Film für die ZDF-Sportreportage drehte. *„Wir standen bei einem Sumpfloch, um spektakuläre Aufnahmen zu bekommen“*, erinnert sich ZDF-Sportreporter Nils Kaben. *„Christian sah uns, versuchte über den Sumpf zu springen anstatt durchzuwaten – und landete am Bauch mitten im Schlamm.“*

Christian begann, Spaß zu haben. Und das, obwohl er sich erneut zwei Mal verlief. Für die 24,5 Kilometer benötigte er fünf Stunden und wurde wieder Etappen-Sechster. *„Auf der Straße brauch' ich dafür eineinhalb Stunden – aber ich hab' hier zwischendurch bestimmt keine Blumen gepflückt!“* Auf den letzten sechs Kilometern lief Christian gemeinsam mit dem Engländer Jamie Lowe durch das Dickicht. *„Er hat mir erzählt, dass er Freunde in Graz hat …“* Beiden war völlig rätselhaft, wie sie trotz Vollgas und hoher Risikobereitschaft auf den steilen und extrem rutschigen Bergabpassagen und bei den Überquerungen der Flussarme und Sümpfe eine Stunde Rückstand auf die führenden Brasilianer ansammeln konnten.

Kurze Rückblende in Sachen Regelwerk: Itapuama, Sonntag, 8. Oktober 2006. Robert Pollhammer, früher selbst Extrem-Marathonläufer, jetzt Veranstalter des „Jungle Marathon“, unterstreicht auf Deutsch, Englisch und auch Portugiesisch das strenge Regelwerk des Rennens. Die wichtigsten Punkte: „Keine fremde Hilfe erlaubt, bei jedem Checkpoint muss eine vorgeschriebene Menge an Wasser mitgenommen werden.“

Bei jedem Checkpoint musste der Wassertank aufgefüllt werden. Christian hielt sich eisern an diese Regel.

asics
Bull

Red Bull

Red Bull
Red Bull

Augen zu und durch: „Du denkst gar nicht daran, was da im Wasser alles herumschwimmt."

„Flusskrokodil"

Der Start der dritten Etappe lag direkt an einem Flussarm des Tapajós. Eine etwa 300 Meter breite Strecke musste schwimmend überquert werden – wer mit dem Boot hinübergebracht werden wollte, musste dafür eine Zeitstrafe von zwei Stunden akzeptieren. Veranstalter Robert Pollhammer sprang als Erster in das grüne, völlig undurchsichtige, 30 Grad warme Wasser, um zu zeigen, dass sich keine Krokodile, Piranhas oder Schlangen darin tummelten. Auch Christian kraulte ans andere Ufer. Es war gegen sieben Uhr morgens. Als das ZDF-Team wenig später mit einem kleinen Boot den Flussarm verließ, um zum ersten Checkpoint zu kommen und die Läufer dort abzufangen, zogen Bauern gerade ein rund zwei Meter langes Krokodil aus dem Wasser und erlegten es. Die Krokodile kommen deshalb so nahe ans Ufer, weil sie hoffen, Rinder oder Ziegen, die zum Trinken kommen, leicht erlegen zu können.

„Vor dem Start beäugt jeder seine Gegner und versucht, Schwächen an ihnen zu entdecken."

Auf der dritten Etappe wurde Christian klar, dass er wie schon beim „Marathon des Sables" davon ausgehen durfte, dass die Konkurrenz aus Brasilien das Regelwerk umging und dass die Veranstalter keinerlei Interesse daran hatten, die angedrohten Zeitstrafen für Vergehen auch wirklich zu verhängen. Christian belegte auf dem 31,1 Kilometer langen Teilstück von Paraiso nach Pini hinter Helton Rang zwei und lieferte sich mit dem Brasilianer bis zum letzten Checkpoint ein beinhartes Duell. *„Bei der Wasserstelle überholte er mich, weil er sich nicht die vorgeschriebenen 2,5 Liter Wasser in seine Trinkflasche leeren ließ."*

Auf dem Weg dorthin waren Christian drei andere Brasilianer entgegengekommen. *„Ich bin mir sicher, dass sie versucht haben, den Weg abzukürzen und völlig überrascht waren, als ich und nicht Helton als Führender dahergekommen bin. Das hab' ich also vereitelt."* Später, im Ziel, erfuhr Christian, dass das Trio bis zum Checkpoint 1 zurücklaufen musste. Sie hatten wohl versucht, einen Abschneider zu nehmen und darauf gehofft, die Crew am Checkpoint 1 (teilweise waren die völlig überforderten Freundinnen anderer Teilnehmer als freiwillige Helfer eingeteilt) würde nicht melden, dass sie dort nie vorbeigekommen waren.

Das Rennen drohte jetzt in einem Eklat zu enden. Jamie Lowe und Christian überlegten ernsthaft, vor der Königsetappe auszusteigen. Jamie hatte Helton beobachtet, wie er Früchte von einem Baum gegessen und Getränke von Kindern in

Verlockend duftende Früchte, die aber giftig sein können. Auch deshalb ist ihr Verzehr verboten.

einem Dorf angenommen hatte. „Ich habe die Früchte nicht gepflückt und gegessen", sagte Helton in einem Interview mit dem ZDF-Team. „Sie hingen mir ins Gesicht, da hab' ich sie gepflückt und gleich weggeworfen …"

Ähnliche Vergehen anderer brasilianischer Teilnehmer hatten auch der Südafrikaner Simon Bowden und der Engländer Simon Wade der Rennleitung gemeldet. Robert Pollhammer machte den Brasilianern den ganzen Nachmittag klar, dass ihr Verhalten nicht in Ordnung sei, wollte aber zunächst keine der – im Regelwerk festgehaltenen – Zeitstrafen verhängen. *„Das Rennen ist eine Farce"*, sagte Jamie Lowe stellvertretend für alle. Helton lag in der Gesamtwertung rund drei Stunden vor Christian, dahinter Jamie Lowe. Eine oder mehrere Zeitstrafen hätten den Brasilianer weit zurückgeworfen.

Über dem Lager, das von brasilianischen Militärs bewacht wurde, lag eine gespannte Stimmung. Pollhammer war gereizt und wollte auch kein Interview mit dem ZDF machen. Nils Kaben und Christians Medienbetreuer versuchten, ihm klar zu machen, dass die Öffentlichkeit auf jeden Fall von der Farce erfahren würde – ein Imageschaden für sein Rennen.

Dafür gab Christian – noch bevor die Entscheidung feststand, ob er am Start zur 87 Kilometer langen fünften Etappe stehen werde, dem ZDF-Team ein Interview – über die Faszination und die Gefahren des Extremmarathonlaufs:

„Es ist wie ein Rauschzustand. Es tut zwar sehr weh, es tut jeder Schritt weh, aber wenn du so in dem Zustand drinnen bist, dann kannst du laufen, bis du tot umfällst. Es ist etwas sehr Schönes, natürlich auch etwas Gefährliches, aber man muss versuchen, das im Griff zu haben, indem man etwas isst, indem man sehr viel trinkt, indem man in den Körper hineinhört. Und wer das kann, der kann das als sehr positiv erleben. Andere gehen auch in diesen Rausch hinein und kommen nicht mehr heraus und übersehen die Grenze und fallen dann um."

Nach dem Briefing für die Königsetappe von Tauari nach Aramanaí teilte Robert Pollhammer mit, dass es für die Brasilianer Zeitstrafen geben werde, man werde das genaue Ausmaß am nächsten Abend bekannt geben. Jamie und Christian lagen also weiterhin auf den Rängen drei und vier, getrennt durch zwölf Minuten – und sie standen am nächsten Morgen am Start.

Im Roadbook, das jeder Läufer vor dem Rennen bekommen hatte, trug die 5. Etappe den Titel „The long road to hell." 44 Kilometer ging es durch dichten

Christian und der spätere Gesamtsieger Jamie Lowe auf der qualvollen Nacht-Etappe – und die sichtbaren Folgen danach: „Die längste Nacht in meinem Leben."

Dschungel mit teilweise extrem steilen Anstiegen. Der Rest führte durch Dörfer, über Schotterstraßen und sandige Abschnitte.

Jamie und Christian bildeten wieder eine Lauf- und Leidensgemeinschaft. Der Engländer lief unter Schmerzen. „Er schluckte bei jedem Checkpoint Schmerzmittel. Das heißt, er hat 16 Tabletten genommen."

Als die Dunkelheit einbrach, warf Jamie die Nerven weg. *„Je länger das Rennen dauerte, desto wütender wurde mein neuer englischer Freund. Er hat geschrien, wie ich noch nie einen Menschen schreien gehört habe. Er ist einfach stehen geblieben und hat mich laut brüllend aufgefordert, ihn alleinzulassen und weiterzulaufen."* Christian ließ den Engländer nicht in der Finsternis stehen. Er riss ihn mit, trieb ihn an. Der Dschungel zeigte den Mitteleuropäern in dieser Nacht sein unheimlichstes Gesicht. *„Wie von Geisterhand sind plötzlich reihenweise Bäume umgefallen. Ohne Vorwarnung. Das Gebiet ist derart versumpft, dass 20 Meter hohe Bäume plötzlich entwurzelt wurden und laut krachend neben uns zu Boden rauschten."* Christian und Jamie liefen, als wäre ein Jaguar hinter ihnen her. In den Büschen, im Kegel ihrer Stirnlampen, sahen sie grüne und gelbe Augen funkeln und unter ihnen am Boden flohen raschelnd Schlangen, Vogelspinnen und Skorpione vor ihren Schritten. *„Angst? Ja, gestern hatte ich Angst"*, notierte Christian am Tag danach in sein Tagebuch.

„Skorpion Karim Mosta"

Schon auf der ersten Etappe war das Rennen für Karim Mosta, der schon einmal den „Jungle Marathon" gewonnen hatte, praktisch beendet. Bei einer schwierigen Sumpfüberquerung wollte sich der Franzose, den Christian schon beim „Marathon des Sables" getroffen hatte, an einer Baumwurzel festhalten – und wurde an der Fingerspitze von einem Skorpion gestochen. Mosta wurde mit einem Antiserum versorgt und aus dem Rennen genom-

men. Er hatte zunächst die typischen Symptome wie starke Schmerzen, Herzrasen und Schwindel. Er lief gegen Ende des Rennens, als es ihm wieder etwas besser ging, nur noch ein paar Teilstücke.

Dazu die immer stärker werdenden Schmerzen: *„Ich hatte schon ab Kilometer 13 das Gefühl, als hätte ich keine Haut mehr auf den Fußsohlen. Es war, als ob ich auf rohem Fleisch laufen würde.“* Nach 16 Stunden und 51 Minuten torkelten Christian und Jamie ins Ziel – an einem malerischen Strand am Tapajós. Etappensieger Helton schlief längst am Feuer. Die Rennleitung hatte ihm eine Zeitstrafe von vier Stunden aufgebrummt. Damit lag Jamie vor der letzten Etappe zwölf Minuten vor Christian und rund eine Stunde vor Helton. Aber auch auf dieser Etappe war Christian und Jamie nicht alles astrein vorgekommen. *„Im Sand, direkt neben der Strecke lagen immer wieder Fahrräder. Und es waren viele Spuren zu sehen. Auf einem Teilstück mit vier Stunden Laufzeit hat uns einer der Brasilianer laut Ergebnissen zwei Stunden abgenommen. Höchst eigenartig.“*

Die Strafen für Helton und Edenil, die vor der Königsetappe noch vor ihm gelegen waren, nahm Christian zur Kenntnis. Glücklich war er damit nicht. *„Egal, ob ich den „Jungle Marathon“ gewinne, Zweiter oder Dritter werde: Was ich mir gewünscht hätte, ist ein faires Rennen. Gerne hätte ich mich unter fairen Bedingungen mit Helton, Edenil oder José gemessen. Sie wollten es leider anders.“*

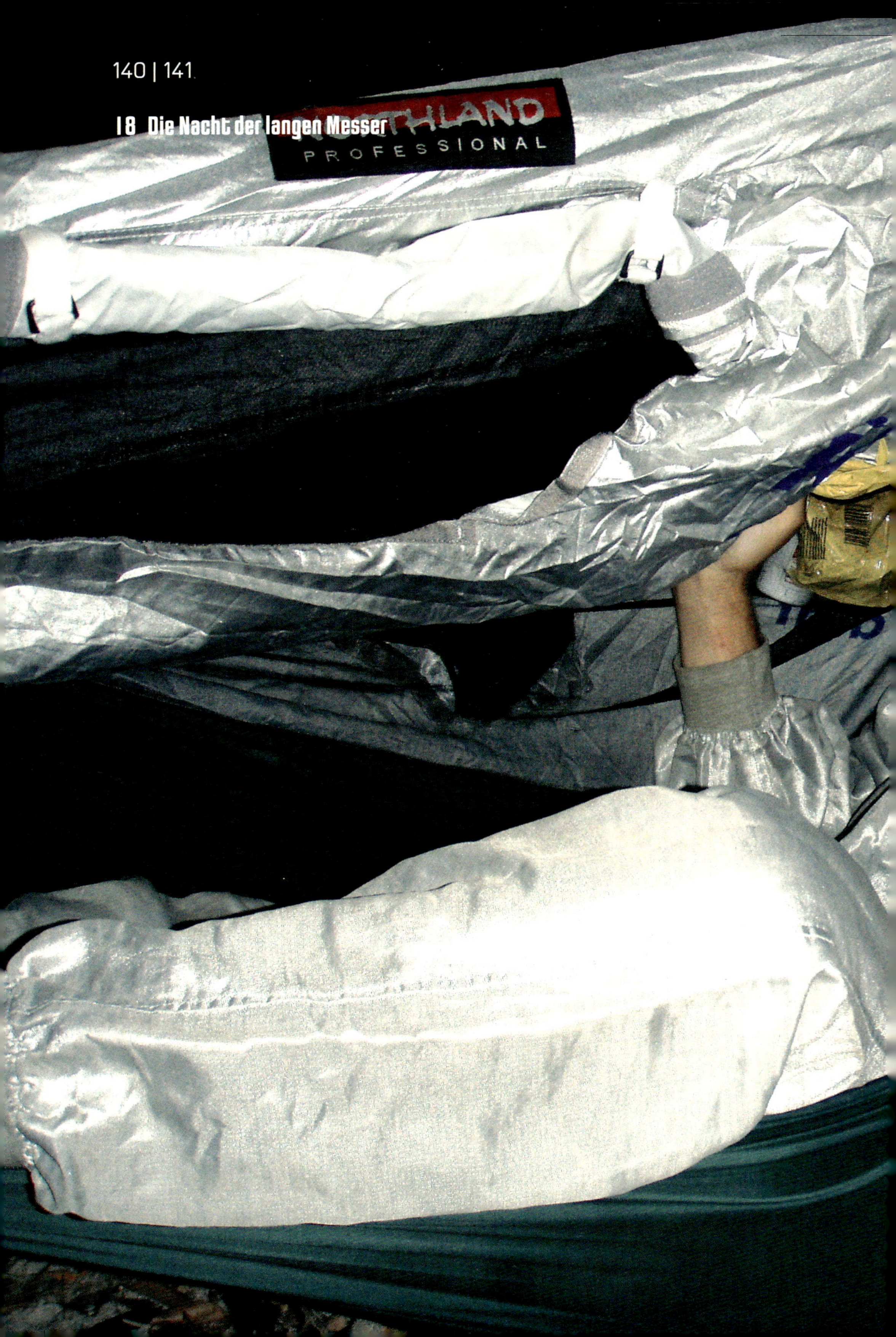
PROFESSIONAL

18 Die Nacht der langen Messer

Hier war der Gesamtsieg noch greifbar,
wenig später traf Christian der Hitzschlag.

19 Ein Nachmittag am Tapajós

Die Szenerie am Ufer des Tapajós war bizarr: Das sollten Läufer sein, die sich am Tag vor der Schlussetappe da aus ihren Hängematten schälten? Junge Frauen und Männer humpelten, auf dicke Äste gestützt, zum Flussufer. Die medizinische Abteilung verbrauchte Kilometer von Mullverbänden und Pflastern. Keiner der Teilnehmer hatte die bisher absolvierten 175,2 Kilometer durch den Dschungel unbeschadet überstanden. Manche ließen sich sogar Infusionen setzen, um überhaupt an den Zieleinlauf in Alter do Chão denken zu können. Vor allem die Füße waren von den vielen Passagen durch Sümpfe und von den Flussüberquerungen und Schwimmstrecken aufgeweicht. Die Haut war runzelig, als ob man zu lange in heißem Wasser gebadet hätte. Bloß, dass sie sich wie Pergament in brüchigen Schichten vom Fleisch zu lösen begann. Christian lag nach der ärztlichen Versorgung und mit dick bandagierten Füßen den ganzen Tag über in seiner Hängematte. Über Satellitentelefon meldete er sich bei Österreichs größtem Radiosender Ö3 und sendete via Äther seine Kampfansage an Jamie: *„Ich werde alles versuchen, um dieses Rennen morgen zu gewinnen."*

In der Nacht vor dem Showdown sorgten die Brüllaffen für eine stundenlange, gespenstische Geräuschkulisse. Der Wind trug das mehrstimmige Gebrüll dieser in Mittel- und Südamerika weitverbreiteten Primatengattung aus der Familie der Klammerschwanzaffen ins Lager, wo am Feuer Tee gekocht und Wasser für die letzten Fertiggerichte erhitzt wurde. Diese Affen können so laut brüllen, dass sie auch noch über Kilometer hinweg zu hören sind. Während der Nacht verstummten die Tiere. Am Morgen war das Gebrüll wieder da.

Christian quälte seine geschwollenen Füße in die noch immer feuchten Laufschuhe. Die Fußsohlen hatte er mit einem Tapeband umwickelt. Sozusagen als zweite Haut. 24,8 Kilometer noch – und nur zwölf Minuten Rückstand auf Jamie! Als der Startschuss fiel, waren viele der langsameren Läufer noch gar nicht bereit. Für sie ging es nur noch ums Überleben, egal, wann sie das Ziel in Alter do Chão erreichen sollten. Für Christian ging es um den Gesamtsieg.

18 Kilometer lief in der sengenden Sonne am Ufer des Tapajós alles perfekt für den Steirer. Christian schlug ein moderates Tempo an und lag damit stets vor Jamie Lowe, der Mühe hatte, und dem die Schmerzen bei jedem Schritt ins Gesicht gemeißelt waren. Bei Kilometer 18 lief Christian zum dortigen Checkpoint, um Wasser zu holen. Er trug ein Stirnband, aber sein Schädel war unbedeckt. Mehrere Fotos zeigen, dass Christian während des Laufens am Ufer mehrfach die Hand zum Schutz über seinen Kopf gehalten hat. Zum Schutz vor der erbarmungslos brennenden Sonne. Christian verließ den Checkpoint und lief durch den feinkörnigen Sand einen kleinen Hügel hinauf. Er hatte zu diesem Zeitpunkt fünf der zwölf Minuten

Red Bull
asics
Red Bull
asics
asics

Siegerehrung: „Ein unglaubliches Gefühl, hier am Stockerl zu sein." Re.: Christian im Ziel mit Pressebetreuer Thorsten Medwedeff.

Rückstand auf Jamie Lowe aufgeholt. Er drehte sich kurz um – und ging plötzlich, völlig unerwartet in die Knie. Christian sackte in sich zusammen, krabbelte aber auf allen vieren weiter. Ein völlig bizarres Schauspiel: Nur wenige Meter weiter spielten Kinder und bauten eine Sandburg, junge Männer schlugen einen Volleyball über ein provisorisches Netz und Frauen rekelten sich in Bikinis in der Sonne und tranken erfrischende Getränke. Robert Pollhammer, der Rennarzt und Christians Medienbetreuer sprinteten den Hügel hinauf. Christian wälzte sich im Sand und schrie. *„So habe ich noch nie in meinem Leben vor Schmerzen geschrien."* Er war wie von Sinnen und nahm gar nichts mehr wahr. Pollhammer schüttete Christian eine ganze Flasche Wasser über den Kopf. Christian richtete sich auf und versuchte weiterzulaufen, wurde aber nochmals wie von unsichtbarer Hand vom Hitzschlag niedergestreckt. *„Ich hörte ein dumpfes Dröhnen in meinem Kopf, ich habe fast nichts mehr gesehen und bin getaumelt. Und ich habe nicht mehr gewusst, wo ich eigentlich bin."* Die Temperaturanzeige auf Robert Pollhammers Uhr zeigte 52 Grad an.

Christian schleppte sich in den Schatten. Aber in seinem Körper brannte noch immer das Feuer. Er konnte nicht sitzen bleiben. In ihm brannte der unbändige Wille, das Ziel dieses verdammten Rennens zu erreichen. An den Gesamtsieg dachte Christian längst nicht mehr. Nur noch ans Durchkommen. *„Wenn ich aufgegeben hätte, wäre ich im nächsten Jahr dort wieder am Start gestanden. Heute bin ich sehr froh, dass ich das Ding beendet habe."*

Im Fluss riss er sich rücksichtslos die Tapes von den mit eitrigen Blasen übersäten Fußsohlen und brüllte wieder vor Schmerzen. Das rohe Fleisch leuchtete. Laufen? Mit diesen Füßen? Undenkbar. Nicht für Christian. 1:57 Stunden hatte

er für die ersten 18 Kilometer dieser Etappe gebraucht. 2:06 Stunden benötigte er für die letzten 6,8 Kilometer. *„Es war, als würde ich auf Rasierklingen laufen."*

In Alter do Chão kniete Christian auf der Ziellinie nieder und weinte wieder. Er hatte es geschafft. Sein Körper war froh, endlich stehen bleiben zu dürfen. Noch mehr, als damals in Marokko nach den letzten Metern des „Marathon des Sables". *„Ich glaube, ich sterbe"*, sagte er, als er völlig entkräftet von Helfern mit frischem, kaltem Wasser gelabt wurde. Die Ärzte meinten – nach einem Fußbad in Kamille – dass Christian 50 Prozent der Haut auf seinen Fußsohlen verlieren werde. Christian war nicht mehr fähig, auch nur einen Schritt zu machen. Er wurde von zwei Militärs ins „Amazon Park Hotel" getragen. Kurioserweise in dasselbe Zimmer, in dem er geschlafen hatte, bevor ihn der Fahrer vom Bootsverleih „John Lennon" ins Camp gebracht hatte.

Sieben Kilogramm hatte Christian während des Rennens verloren, er beendete den „Jungle Marathon" als Gesamtdritter, Helton hatte sich hinter Jamie Lowe noch Platz zwei gesichert. Das Ergebnis: 1. James Lowe (GBR) 38:47:04 Stunden – 2. Helton Bastos de Padua (BRA) 39:22:26 Stunden – 3. Christian Schiester (AUT) 39:51:17 Stunden. Zu Hause in der Steiermark schickte Christian seinem Konkurrenten aus Brasilien, der mit billigem Schuhwerk unterwegs gewesen war, ein Paar Gel-Laufschuhe von seinem Ausrüster ASICS.

„Robert Pollhammer"

Renndirektor Robert Pollhammer erinnert sich an den „Jungle Marathon 2006" und an das letzte Teilstück: „Der letzte Tag ist dann nur noch ein Kinderspiel. Möchte man meinen. 23 Kilometer am Strand, von Aramanaí nach Alter do Chão. Doch für einen Teilnehmer war es die Hölle. Christian Schiester aus Österreich. Christian war als einer der Favoriten angetreten und hatte einen hervorragenden Wettbewerb. An diesem letzten Tag wollte

er versuchen, vielleicht noch Platz eins zu ergattern. Er war es aber zu schnell angegangen. Nach 17 Kilometern kam der völlige Zusammenbruch. Gute zwei Stunden hat er für die letzten sechs Kilometer gebraucht und es schließlich geschafft. In einer E-Mail hat Christian Schiester mir nach dem Rennen geschrieben: „... meine halb zerstörten Fußsohlen lassen Dich und Deine Dschungelstrecke recht schön grüßen! Du hast es geschafft, mich an die absolute Grenze zu führen – obwohl wir Läufer Dich während dieser Qual richtig gehasst haben, bin ich Dir heute dankbar."

„Rollstuhl"
Wenn schon 50 Meter zur Qual werden

von Thorsten Medwedeff

Können Sie sich vorstellen, wie es einem Extrem-Marathonläufer geht, der sein wichtigstes Werkzeug nicht mehr gebrauchen kann? Ich habe es hautnah miterlebt. Christian war auch am Tag nach der Siegerehrung nur unter größten Schmerzen fähig zu gehen. Der Lauf über die Rasierklingen ging weiter. Bloß viel langsamer. Auf dem Flughafen von Santarém, wo man mir übrigens auch mein in Wien sorgsam verschnürtes Gepäck aushändigte (ich hatte nur drei T-Shirts – eines davon von Christian – eine kurze und eine lange Hose und für zwei Tage Unterwäsche und Socken und eine Regenjacke dabei und wusch jeden Abend im Fluss meine Wäsche), ließ ich für ihn einen Rollstuhl kommen. Ich, der Journalist, dessen beste Marathonzeit bei 4:23 Stunden und auch schon zehn Jahre zurückliegt, schob Österreichs extremsten Marathonläufer über die Rollbahn zum Flugzeug und stützte ihn über die Gangway! Christian litt wie ein altersschwacher Hund. Derart war er noch nie auf fremde Hilfe angewiesen gewesen.

Christians Füße stanken fürchterlich, die offenen Blasen waren ein einziger Bakterienherd. Wir hatten in Fortaleza mehrere Stunden Aufenthalt. Uns war

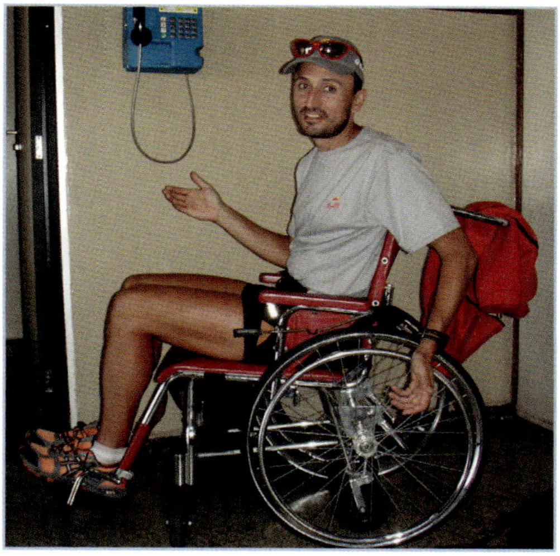

klar, dass wir seine Füße frisch verbinden mussten, um eine vielleicht sogar lebensgefährliche Infektion zu verhindern. Eigentlich hätte er sofort in ein Krankenhaus gehört. Aber wir wollten nur noch eines: nach Hause! Wir erinnerten uns an das blitzsaubere Fünfsternehotel am Strand und nahmen ein Taxi. Christian setzte sich in die Lobby und ich machte mich auf die Suche nach einer Apotheke oder einem Reformhaus, um Verbandsmaterialien und Salbe zu kaufen. Außerdem verteilte ich auf dem Markt vor dem Hotel jene Farbstifte, die wir aus Österreich eigentlich für die Kinder in den Dörfern mitgenommen hatten, durch die der „Jungle Marathon" gegangen war. Allein, wir hatten die Stifte teilweise in meinem (verschollenen) Gepäck bzw. in Christians Tasche, die er bei der Rennleitung deponiert hatte.

Auf einem Hocker in der Toilette des Hotels packte ich vorsichtig Christians Füße aus. Der Gestank biss in der Nase. Es roch nach verfaultem Fleisch. Damit war er gestern noch knapp 25 Kilometer gelaufen? Ich puderte ihm vorsichtig die eitrigen Blasen und offenen Stellen und wickelte beide Füße in Mullbinden, die ich mit Tape verklebte. Seine Füße waren zerbrechlich und empfindlich wie die eines Babys. Mir standen die Tränen in den Augen. Wie er in die Laufschuhe reingekommen war und damit (sehr langsam) gehen konnte, war mir völlig rätselhaft. Ich bewunderte ihn. Und in seinen Augen sah ich die Scham. Er, der große Held, war plötzlich hilflos und klein.

Auf dem Flughafen in Fortaleza kauften wir ihm die teuersten Sandalen seines Lebens. Über 100 US-Dollar blätterte er hin, aber mithilfe des Klettverschlusses und da wir die Schuhe absichtlich um drei Nummern zu groß gekauft hatten, ging es etwas besser als mit den engen Laufschuhen. Mangels Rollstuhl humpelte er wie ein Schwerkranker zum Gate. Wir hatten noch versucht, einen Platz in der Businessclass zu bekommen, doch die TAP wollte dafür satte 3.500 Euro haben. Einem Mann, der etwas später mit Krücken ins Flugzeug humpelte, aber besser zu Fuß schien als Christian, *wurde kostenlos ein Platz in der praktisch leeren Businessclass angeboten! Was wir aber geschafft hatten, war, einen Platz in der ersten Reihe zu bekommen – also fußfrei. Dachten wir. Denn es war ein Platz in einer Mittelreihe. Und vor Christians Zehen bäumte sich eine Bordwand auf. Er war den Tränen nahe und mit den Nerven am Ende. Gut, dass ein hinter uns sitzender Tiroler seine Probleme mitbekam und mit Christian den Platz tauschte.*

Die Schmerzen müssen unerträglich gewesen sein. Schmerzmittel konnte Christian keine nehmen. Stellen Sie sich vor, am Flughafen in Wien hätte eine Delegation der Anti-Doping-Kommission auf ihn gewartet, auf den Drittplatzierten beim „Jungle Marathon", und dann hätten Sie in seiner Blutprobe das Schmerzmittel entdeckt und annehmen müssen, dass er gedopt war!
Brüssel war unser letzter Stopp vor der Heimkehr nach Wien. Christian schien es wieder etwas besser zu gehen. Die Belgier hatten uns kurzfristig auch einen fahrbaren Untersatz für den Transport auf dem Flughafen zur Verfügung gestellt. Wir aßen Spaghetti mit Peperoni. Nach dem dritten Bier (ja, wie damals in New York und auch nach dem „Himalaya Run") sagte Christian etwas völlig Normales: „Ich glaub', ich muss aufs Klo." Ich drehte mich um und sagte dann etwas (bloß scheinbar) völlig Normales: „Ist eh dort drüben." Dann sah ich Christians Entsetzen. Das Schild „Toilet" war von unserem Barhocker rund 50 Meter entfernt. Ich musste ihn stützen. Wir brauchten zehn Minuten.

In Mautern besuchte Christian sofort seinen Hausarzt Dr. Bernd Udermann. *„Als ich ihm meine Füße gezeigt habe, hat er gesagt: Da greif ich nicht mehr hin. Er hat gesagt, die Haut muss weg. Da sag ich: Dann schneiden wir sie einfach weg. Da sagt er: Ich mach' das nicht. Darauf sag' ich: Gut, dann fahr ich jetzt heim, schneid' sie weg und dann komm' ich wieder. Ich bin heimgefahren und hab' mir die Haut über den Blasen selbst abgetragen und dann bin ich wieder zu ihm runtergefahren. Okay, sagt er, jetzt desinfizieren wir."* Vier Tage später setzte sich Christian schon wieder auf den Ergometer.

Nur mit Hilfe von Militärs konnte Christian das Hotel im Ziel erreichen.

Red Bull
Jungle
MARATHON
RESGATE

20 Elias und Fabio

Elias mit seinem Papa im Garten in Mautern.

Am selben Tag, an dem Christian in Alter do Chão die Ziellinie beim „Jungle Marathon" passierte, bestritt Sohn Elias Haile, mittlerweile fast sieben Jahre alt, sein erstes Rennen. Beim Marathon in Graz lief Schiester junior 4,2 Kilometer. *„Dass Elias damals auch gelaufen ist, wurde mir erst im Ziel bewusst. Davor war nur mehr der Schmerz Herr meiner Gedanken."*

Genau deshalb wäre es Christian lieber, Elias würde etwas dem Sport Verwandtes machen und nicht irgendwann einmal in die Fußstapfen des Vaters treten. Mit seiner Firma „extreme sport management" stünden den Söhnen ohnehin alle

Hat auch die Freude am „Werkzeug Körper" entdeckt: Elias (9).

Möglichkeiten offen, eventuell als Sportmanager, Sportjournalisten, Sportfotografen oder natürlich auch als Leistungssportler. Aber vielleicht weniger extrem? *„Ich möchte grundsätzlich nicht, dass er jemals so leiden muss, wie ich es bereits getan habe. Kein Mensch sollte dieses Leiden bewusst seinem Kind antun. Aber den Nutzen daraus zu erklären, das ist mir wichtig."*

Zugleich war aber Elias vor dem „Jungle Marathon" erstmals für ein Rennen auch eine der bestimmenden Antriebsfedern für Christians Handeln. Warum tust du dir das noch mal an? Warum willst du als Bergläufer im Dschungel rennen, obwohl du dir mit dem Sieg beim „Himalaya Run" ohnehin schon deinen Lebenstraum erfüllt hast? Wo holst du dir frische Motivation für die Strapazen? Alle diese Fragen beantwortete Christian im Frühjahr 2006 mit einem Wort: *„Elias."*

Denn erstmals erlebte der damals Sechsjährige die Vorbereitungen auf ein Rennen seines Vaters hautnah mit. *„Das beflügelt mich."* Elias' Neugier, sein Wissensdurst sorgten für frische Energie. Vor allem für die coole Ausrüstung interessierte sich Schiester junior: das Moskitonetz, die Stirnlampe, die Astronautennahrung – und natürlich das Buschmesser für die Passagen durch das Dickicht. Aber auch die Tierwelt beschäftigte ihn: „Papa, gibt's im Amazonas wirklich Krokodile?" Und bei Tierfilmen im Fernsehen die immer wiederkehrende Frage: „Gibt's diese Tiere auch in Brasilien?" Und: „Fürchtest du dich davor?" Christian war froh, dass er endlich seine Leidenschaft und Euphorie mit seinem Sohn teilen konnte. Aus dem Dschungel brachte Christian Elias dann die farbenprächtige Schwanzfeder eines Papageis mit. Dafür war sogar er stehen geblieben.

Dschungel-Souvenir: Papageienfeder und Piranha.

Das Laufen entdeckte Elias mit sechs. „Er hat mich immer wieder herausgefordert", erinnert sich Christian. *„Wenn ich ihn zum Kindergarten gebracht habe, war das schon ein Ritual: Vom Parkplatz bis zum Eingang sprinteten wir – der kleine gegen den großen Dschungelläufer – und auf den letzten Stufen hat er mich immer überholt und gewonnen. Sein freudiges Lachen danach – das ist Motivation genug für mich, noch einmal die Qualen von Hunderten Trainingskilometern auf mich zu* *nehmen.*" Aber Christian musste seinen großen Sohn, Fabio Franz kam ja erst 2007 auf die Welt, auch schon oft enttäuschen: „*Wenn ich stundenlang trainieren gehe und er mich festhält und sagt: Geh' nicht laufen, spiel' lieber mit mir!*" Am Vatertag 2006 machte Christian seinen Sohn aber glücklich – und ging mit ihm gemeinsam eine 2-Kilometer-Runde laufen. Dieser Lauf ist seitdem Tradition.

Jetzt ist Elias neun. Und er scheint vom Talent des Vaters durchaus etwas abbekommen zu haben: „*Zehn Kilometer kann er locker unter einer Stunde laufen. Das ist sehr brav für einen Neunjährigen. Es ist wunderschön, mit welcher Leichtigkeit er sich bewegt. Eine Leichtigkeit, die ihm die Natur einfach mitgegeben hat.*"

Für den kleinen Fabio wird im Frühjahr 2009 ein Radanhänger, den schon Elias genutzt hat, zum Laufwagerl umgebaut. „*Dann kann auch er bei der einen oder anderen Laufeinheit dabei sein.*"

Christian ist es sehr wichtig, seinen Kindern ein „richtiges Leben" vorzuleben – ganz im Sinne seines Mentors Kurt Mayer. „Wenn der Vater abends im weißen Unterleiberl vorm Fernseher sitzt, bei fetter Brettljause und Bier – na, was wird dann wohl der Herr Sohn mal machen, wenn er das tagtäglich sieht?" Christian versucht, andere Impulse zu setzen: „*Sodass sie sehen, dass es so viel auf der Welt zu tun und zu erleben gibt – dass es sich auszahlt, auf diesem Planeten zu sein.*"

Elias nimmt diese Dinge bereits auf. Er leidet, wenn der Papa wieder einmal irgendwo unterwegs ist, wo es nicht einmal die Möglichkeit gibt, zu telefonieren. „*Aber das ist der Preis, der einfach zu zahlen ist. Für uns beide. Für die ganze Familie.*" *Zusatz:* „*Man muss wegfahren, um wieder heimkommen zu dürfen …*"

Silkes und Christians größter Stolz: Fabio und Elias, Mautern 2009

LITAF

21 Tage am Meer

Wohin zieht es einen Läufer, wenn er zwischen den extremen Rennen und extremen Trainingsphasen Ruhe und Erholung sucht? Am besten dorthin, wo man nicht laufen kann (auch wenn in der Bibel etwas anderes überliefert ist): auf das Meer. Christian entdeckte seine Liebe zum Meer – wie bereits erwähnt – bei den Griechenlandurlauben mit seinen Eltern. Seine Liebe zum Fahren auf dem Meer aber weckte erst sein Kollege bei Alpenschild Gebell, Hermann Bechter.

Es war beileibe keine Liebe auf den ersten Blick. Nach mehrmaligem Nein ließ sich Christian doch zu einem Skipperkurs überreden, zwei Monate später, im Mai 2001, erlangte er das Schiffsführerpatent bis zu 20 BRT (Bruttoregistertonnen, Anm.) inklusive Seefunk. Die Praxis machte Christian auf Bechters Schiff „Vagabund", einem 44 Jahre alten Gaffelschoner. Bechter: „Ich hätte damals nie gedacht, dass der alte Bergfex Schiester eines Tages zum Seemann werden könnte."

Doch Christian war bereits entflammt für die Seefahrt. Und er war ungeduldig. Bechter erzählte ihm wenige Tage nach der bestandenen Prüfung, dass ein Freund sein Motorboot verkaufen wolle. Nur 24 Stunden später unterschrieb Christian in Frankfurt den Kaufvertrag und brachte es nach Grado – und von dort weiter nach Mautern. Denn Christian wollte nach ein paar Probefahrten unbedingt einige Veränderungen am Boot vornehmen. Bechter erinnert sich: „Er wollte die Armaturen in einem anderen Design, größere Tanks, einen Gerätebügel und eine neue Elektrik." Das Boot wurde im Stadl von Christians Nachbar aufgebockt. Christian

Christians zweite große Liebe: das Meer.

war in seinem Element. Nach dem Frühstück um acht Uhr früh wurde bis drei Uhr morgens durchgearbeitet. „Ohne Pause, ohne Jause", erinnert sich Bechter. „Und wenn ich doch eine Stunde lang meinen Rücken schonte, nutzte Christian diese Zeit zum Training und lief über Berg und Tal …"

Aber ein Motorboot, das konnte einen extremen Menschen wie Christian nur kurz befriedigen. Ein Segelboot musste her, das war sozusagen der Einstieg in die Formel 1 der Seefahrt. *„Mit dem Motorboot kannst du flüchten, wenn ein Gewitter kommt. Aber mit dem Segelboot musst du dich dem Unwetter stellen."* Diese Herausforderung suchte Christian – und er bekam sie.

Im Jahr 2004 erwarb Christian die „Varuna", ein neun Meter langes Segelschiff, das Platz für sechs Personen bietet und in der Nähe von Poreč (in Cerva Porat) in einer Marina geschützt vor Anker liegt. *„Auf dem Boot spür' ich immer eine ganz gewaltige Nähe zu meiner Familie und ganz besonders zu meinem Sohn Elias. Dort herrscht eine ganz gewaltige Atmosphäre. Es gibt kein Handy, bloß das Funkgerät. Und wir essen altes Brot und Fische oder Muscheln, die wir gefangen oder gesammelt haben. Für mich sind das Boot und das Meer das beste Rückzugsgebiet."*

Aber eines, das Gefahren birgt. Einmal musste Christian seine Silke und seinen Elias während der Sommerferien auf der kroatischen Insel Unije für einige Stunden zurücklassen, weil er mit dem Boot bei sehr starkem Sturm nicht in der Bucht bleiben konnte. *„Sonst hätte es das Schiff an das Ufer geschleudert."* Sechs

Der Sprung ins erfrischende Nass, immer eine Wohltat (Insel Premuda, 2006).

Stunden lang kämpfte Christian gegen das brutale Unwetter mit Blitz und Donner und meterhohen Brechern. *„Ich wär' wirklich fast draufgegangen und hab' gebetet vor Angst."*

Für seinen Freund Hermann Bechter war es immer schon beeindruckend, wie Christian mit derartigen Erlebnissen umzugehen weiß: „Er erlebt solche Situationen zwar schon sehr stark, aber dann steckt er sie weg und spricht nur mehr selten darüber. Das ist wohl der extreme Christian."

Diese und andere Herausforderungen, gepaart mit der *„völlig anderen Lebensphilosophie"*, sind es, die für Christian den Reiz des Meeres ausmachen. Und wie bei seinen Rennen sucht er die Einsamkeit: *„Das Meer baut in mir eine ungeheure Mystik auf: das Klima, die unendliche Weite, die fremde Sprache, die ich gar nicht verstehen will, weil ich dadurch anonym bleibe. Ich probier' erst gar nicht, Kroatisch zu lernen. Ich will es gar nicht verstehen."* Christian verweilt auch nie lange im Hafen, ihn zieht es hinaus. Oft alleine. *„Nach der Autofahrt renn' ich mir meistens noch die*

Voll im Wind: Christians Segelboot „Varuna" zwischen den Inseln der Kornaten.

„Beim Segeln ist immer etwas zu tun, um auf Kurs zu bleiben."

Sitzmüdigkeit aus den Knochen, füll' mir danach den Kühlschrank an und dann laufe ich aus und ankere irgendwo in einer Bucht. Dort gibt es herrliche Sternenhimmel zu sehen."

„Teamplayer"

Hätte Christian theoretisch ein Mannschaftssportler, ein Fußballer, Handballer oder Basketballer, werden können? Nein, sagt er. Nein, weil er niemals damit leben könnte, dass ein Teamkollege sich vielleicht nicht hundertprozentig auf ein Match vorbereitet, während Christian mehr als nur das tut. Jeden Tag. „Ich könnte nicht verkraften, dass etwa ein Verteidiger dann plump vor dem gegnerischen Stürmer steht – und unsere Niederlage verschuldet."

Und Christian kann Fußballgenies wie einen Franz Beckenbauer gut verstehen, der zu seiner aktiven Zeit schon mal Mitspieler auf dem Platz zusammenputzte – oder sogar deren Verkauf an einen anderen Verein „beschleunigte".

Und Christian weiß auch, dass solche Alphatiere einsam sind. „Das entwickelt sich. Nichts gegen Betatiere, die braucht man natürlich auch. Aber ein Alphatier wird, je mehr es zum Alphatier wird, immer einsamer. Das ist bei mir auch so. Das ist der Preis, den du bezahlen musst. Aber ich vermisse

das nicht. Ich kann ja jederzeit zurück in die Gesellschaft. Ich bade in der Menge, wenn ich meine Vorträge halte. Vor allem vor Kindern und Schülern. Ich glaube, dass die Nachricht, die ich dort verbreite, sinnvoll ist. Und ich freue mich riesig, wenn mich Mütter danach anrufen und sagen: Was hast du mit meinem Buben gemacht? Der isst ja nur noch Salat!"

Auch wenn es auf den ersten Blick nicht so aussieht: Das Segeln, Christians Art zu segeln, ähnelt sehr wohl dem Laufen, es ähnelt sehr wohl den extremen Rennen in entlegenen Gebieten: „*Auch dabei gelange ich in Gegenden, wo du mit dem Auto nicht hinkommst. Ich zieh' mich mit meinem Boot gerne dorthin zurück, wo ich meine Ruhe hab'.*" Und auch beim Segeln – wie beim Laufen – fühlt sich Christian eins mit der Natur, teilweise notgedrungen. „*Du bist mit der Kraft des Windes unterwegs, und wenn der Wind von Norden kommt, dann solltest du nicht nach Norden segeln, sondern nach Süden.*" Zusatz: „*Man muss sich der Natur anpassen.*" So wie bei seinen Rennen in der Wüste, im Himalaya-Massiv, im Dschungel – und vor allem in der Antarktis.

22 Antarctic Ultra Race 2007: Das ewige Eis

Der eigentliche Startschuss zum Abenteuer Antarktis fiel bei schwülen 41 Grad auf dem Flughafen von Santarém in Brasilien. Christian quälte sich mit seinem Gepäcktrolley und den offenen, eitrigen Blasen an den Füßen zum Check-in, hinter ihm hatte sich der Ire Richard Donovan eingereiht. „Du musst mein Rennen am Südpol rennen", sagte Donovan und Christian musste trotz der Schmerzen laut lachen. *„Ich? Laufen? Ich bin halb tot. Ich renn' überhaupt nie wieder."*

Das ewige Eis der Antarktis – und Christian mittendrin.

Doch der Gedanke an das ewige Eis war entzündet wie ein kilometerlanges Streichholz. Sahara, Himalaya, Dschungel, heiß, kalt, heiß. Selbst wer keine Ahnung hat von logischen Reihen, kann erkennen: Es musste wieder ein Rennen in der Kälte kommen. „*Das war es, was mir noch gefehlt hat. Das absolute Hammer-Erlebnis im Eis.*" Genau dort, wo es den vielleicht spannendsten Wettlauf der Menschheitsgeschichte gegeben hatte: am Südpol. Auf dem weißen Kontinent Antarktis. Im Winter 1911/12 lieferten sich dort der Norweger Roald Amundsen und der Engländer Robert Falcon Scott ein dramatisches Duell um die Entdeckung des Südpols.

Scott sowie Amundsen gingen 1909 am Rand des Ross-Schelfeises vor Anker. Ihre Basislager lagen nur etwa hundert Kilometer voneinander entfernt. Die verbleibenden Sommermonate nutzten beide Kontrahenten, um wichtige Lebensmitteldepots entlang der geplanten Route anzulegen. Im November 1911 gelang es Amundsen, elf Tage vor seinem Kontrahenten aufzubrechen. Er war bereit. Amundsen vertraute bei seiner Expedition vor allem auf seine Schlittenhunde. Robert Scott setzte auf dem beschwerlichen Weg zum entlegenen 90. Breitengrad neben Hunden, mit denen aber keiner aus seiner Crew richtig umzugehen gelernt hatte, auch Ponys und sehr anfällige Motorschlitten ein, die bald zurückgelassen wurden.

Amundsen erreichte am 14. Dezember 1911 mit vier Begleitern als erster Mensch den Südpol. Als Robert F. Scott am 17. Jänner 1912 eintraf, fand er ein Zelt vor, auf dem die norwegische Flagge wehte. Der Norweger hatte täglich zwischen 15 und 20 Meilen zurückgelegt, Scott dagegen schaffte maximal 13 Meilen. Und während Amundsen die Rückkehr ins Basislager gut bewältigte, wurde der Rückweg für die schwer enttäuschte Scott-Mannschaft zu einem verzweifelten Kampf gegen die extreme Kälte. Alle Teilnehmer der britischen Expedition kamen ums Leben. Kapitän Scott selbst überlebte am längsten, vermutlich bis zum 29. März 1912, dem Tag seines letzten Tagebucheintrags. Ihre Leichen wurden acht Monate später, nur rund 18 Kilometer vom rettenden Depot seines Basislagers entfernt, gefunden.

Scott schrieb im Angesicht des Todes eine leidenschaftliche Botschaft an die Öffentlichkeit: „Hätten wir überlebt, hätten wir eine Geschichte zu erzählen gehabt über die Entbehrungen, das Durchhaltevermögen und den Mut meiner Gefährten, die das Herz jedes Engländers gerührt hätte. Nun aber müssen diese unbearbeiteten Notizen und unsere toten Körper die Geschichte erzählen …“

(Quelle: „In den eisigen Tod“, Robert F. Scotts letzte Fahrt zum Südpol; Diana Preston)

Christian beschäftigte sich nur kurz mit dieser Historie. Er kaufte sich die eine oder andere DVD vom Wettlauf zum Pol. *„Ich habe gesehen, dass das die absoluten Helden waren. In der heutigen Zeit ist es unvorstellbar, dass sie ohne technische Hilfsmittel, aber mit Fellschuhen und primitivster Ausrüstung zum Pol vorgedrungen sind.“* Und natürlich informierte sich Christian auf der Website zum Antarctic Ultra Race, mehr aber auch nicht.

„Ich habe vor jedem Rennen meine Philosophie umgesetzt, dass eine Spur Unwissenheit vor vielem schützt. Das heißt, ich habe mir nicht auf Google angeschaut, wo genau wir dort rennen werden, wie viele Berge es dort gibt oder wie hoch sie sind

Sehr lange, Kräfte raubende Trainingsläufe mit Spikes.

und auch nicht, wie kalt es dort genau sein wird. Diese Unwissenheit spiele ich dann aus, wenn es eng wird und wenn ich improvisieren muss. Denn dann erst musst du mit diesen Dingen umgehen können. Wenn du dir schon vorher irrsinnige Gedanken machst, was wäre, wenn du Erfrierungen hast, dann macht dich das unsicher.

22 Antarctic Ultra Race 2007: Das ewige Eis

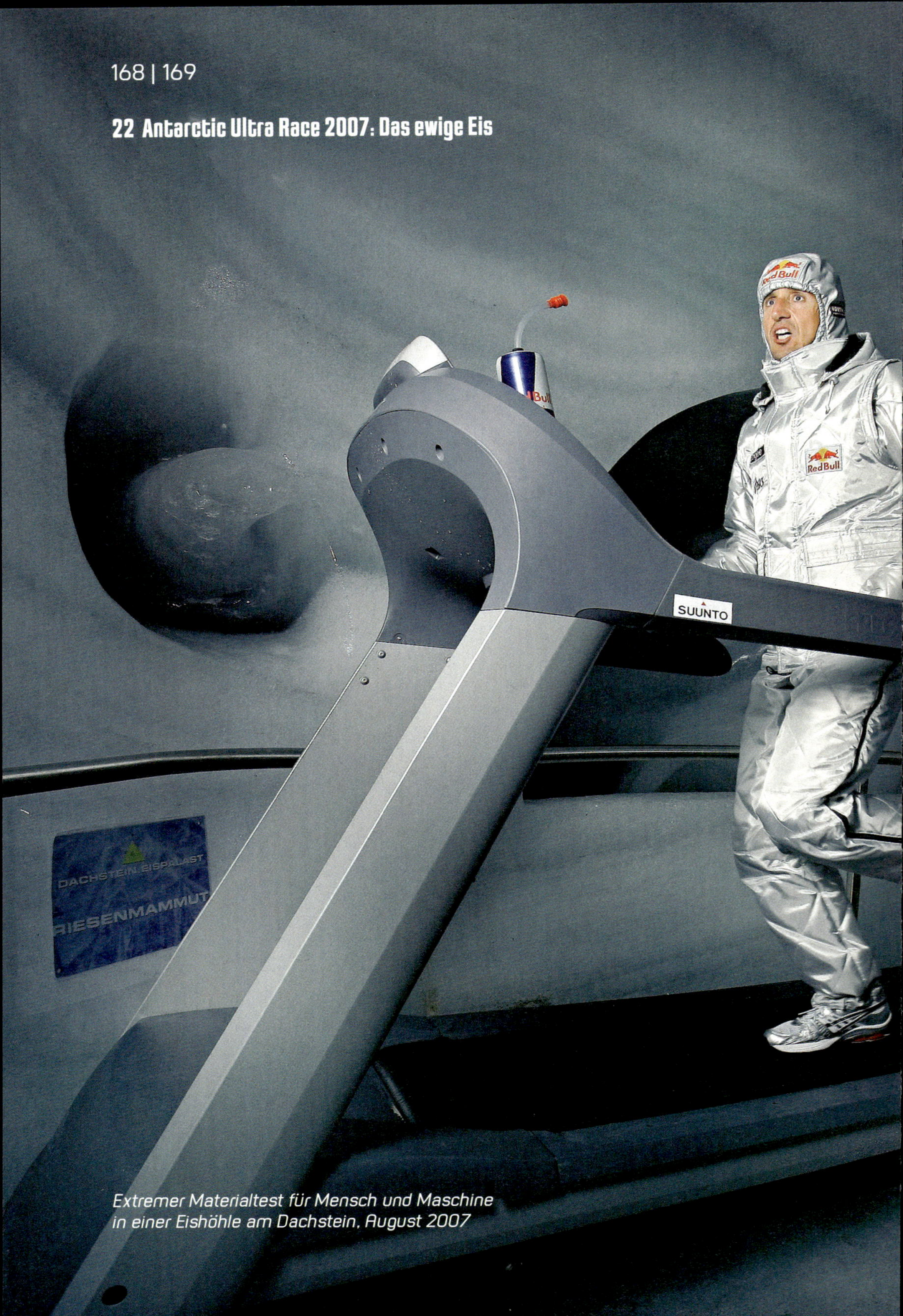

Extremer Materialtest für Mensch und Maschine in einer Eishöhle am Dachstein, August 2007

22 Antarctic Ultra Race 2007: Das ewige Eis

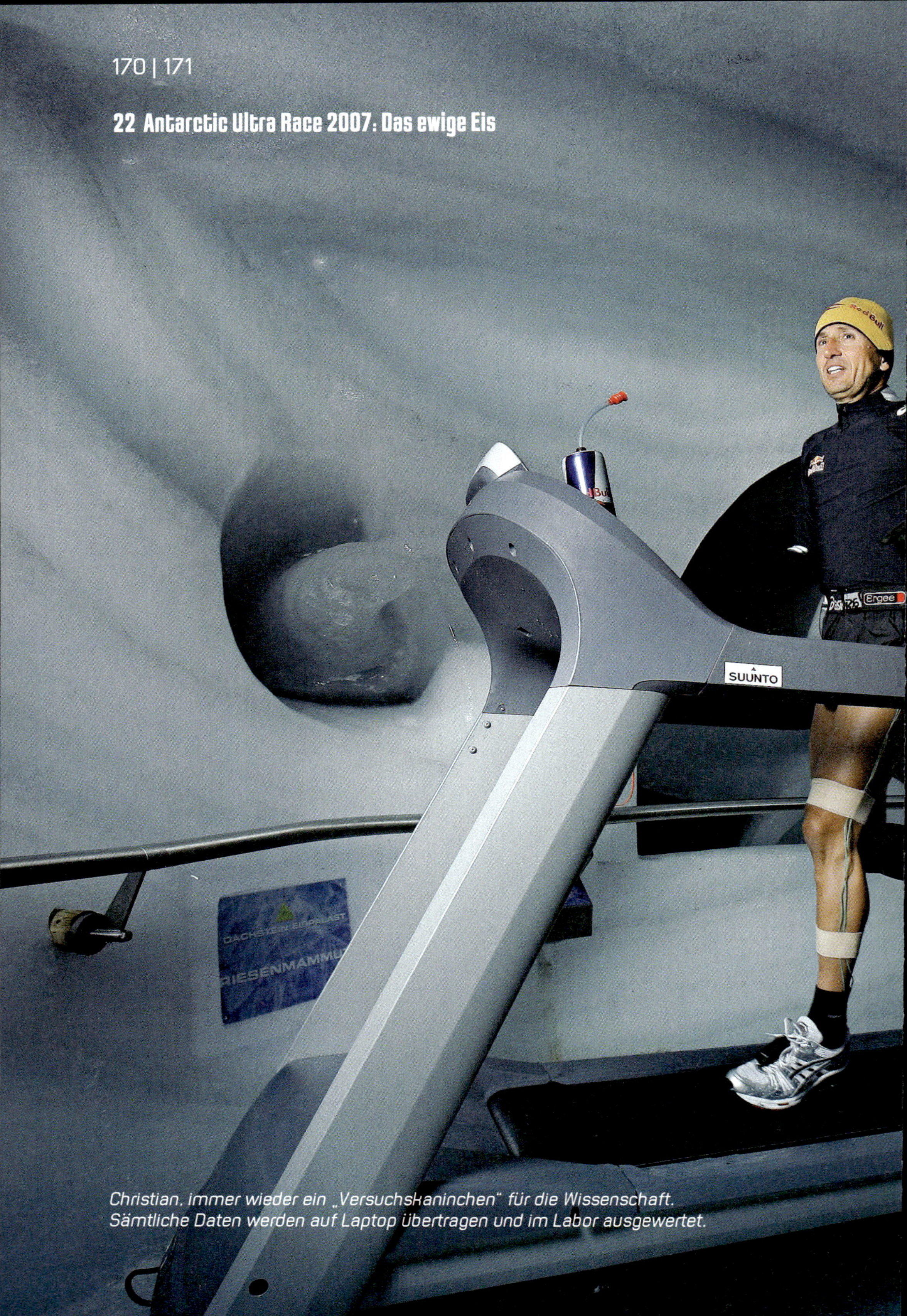

Christian, immer wieder ein „Versuchskaninchen“ für die Wissenschaft. Sämtliche Daten werden auf Laptop übertragen und im Labor ausgewertet.

Engee

22 Antarctic Ultra Race 2007: Das ewige Eis

Training mit Schneeschuhen aus sehr leichtem Titan.

Auch „Einsamkeit" muss geübt werden: Christian am Berg allein im Zelt.

Ich beschäftige mich mit Erfrierungen, wenn ich sie habe. Ich versuche sie zu vermeiden, aber ich gehe nicht her und überlege mir, ob ich damit leben könnte, wenn sie mir drei Finger und zwei Zehen abnehmen müssen.“

Mehr als noch beim „Marathon des Sables", dem „Himalaya Run" oder dem „Jungle Marathon" setzte sich Christian angesichts der noch extremeren Bedingungen im ewigen Eis mit dem Material auseinander. Und er wurde bald fündig bzw. gefunden. *„Ich hatte damals schon einen Status erreicht, dass mich Firmen kontaktierten, um mir mitzuteilen, dass sie über etwas verfügten, mit dem ich in der Antarktis besser durchkommen werde.“* Ein Mitarbeiter der Firma Bauerfeind in Wien hatte nach dem „Jungle Marathon" in einer Zeitschrift Bilder von Christians Füßen gesehen und ihm eine E-Mail geschrieben: „Mit unseren Schuheinlagen wäre Ihnen das nicht passiert." Für die Antarktis unternahm Bauerfeind ein einzigartiges Experiment: Man kühlte die Schuheinlagen auf minus 60 Grad herunter, um zu sehen, ob sie brechen. Die Einlage hielt stand. Christian: *„Damit bin ich dann in der Antarktis gelaufen. Ich hatte keine Blasen und sie haben mich von unten isoliert, sodass ich auch keine Erfrierungen hatte.“*

Noch innovativer war der Socken mit dem Computerchip. Der Chip misst, ob man Gefahr läuft, Erfrierungen am Fuß zu erleiden. Bereits bei zwölf Plusgraden können Schäden auftreten. Bei genau dieser Temperatur fängt der Socken an zu piepsen und schickt ein Signal an die Uhr. *„Den Socken haben wir in einer Eishöhle am Dachstein ausprobiert, wo ich achteinhalb Stunden auf dem Laufband gerannt bin, und wir ständig die Körpertemperatur gemessen haben.“* Wenn der Socken, der bereits aus drei Schichten besteht, piepsen würde, müsste sich Christian einen weiteren Socken drüberziehen. Es sollte nicht notwendig sein.

Außerdem schlüpfte Christian in der Antarktis in einen Ganzkörper-Kälteanzug, den ihm sein Sponsor Red Bull organisiert hatte. Durch das Spezialmaterial hält dieser Anzug bei bis zu minus 80 Grad warm. Beim Rennen in der Antarktis zeigte sich dann aber, dass der aluminiumbeschichtete Anzug nicht zu hundert Prozent atmungsaktiv und sogar zu luftdicht war: *„Es ist drinnen nass geworden und ich musste den Reißverschluss öffnen. Aber es hat funktioniert.“*

Auch die Planung der Nahrungsaufnahme war ein ganz anderes Kaliber als bei den vorangegangenen Extrem-Marathons. Für Christian wurde extra ein Energieriegel entwickelt, dem so viel Flüssigkeit entzogen wurde, dass er nicht gefrieren konnte.

Nach einem Jahr Vorbereitung mit 900 Lauf-Kilometern pro Monat war Christian bereit für die Antarktis. Er flog aber mit einem mulmigen Gefühl und schlechtem Gewissen gen Süden. Seine Silke war schwanger und der Geburtstermin für ihren zweiten Spross war Ende Jänner 2008. Doch am 25. November 2007 setzten plötzlich die Wehen ein. Christian brachte Silke mitten in der Nacht ins Krankenhaus – und am 27. November 2007 kam Fabio Franz als schwaches Frühchen mit nur 1,75 Kilogramm auf die Welt. Zehn Tage, bevor Christian in die Antarktis aufbrechen sollte. Fabio lag auf der Intensivstation. Christian verbrachte Stunden und Nächte bei Silke. *„Ich hab' mir zuerst gedacht: Du kannst nicht wegfahren. Aber andererseits ist es mein Job. Es war eine harte Zeit. Besonders für Silke. Aber ich habe mir auch gedacht: Wenn ich es nicht jetzt mache, dann mache ich es nie mehr – und ich kann ohnehin nicht jeden Tag im Krankenhaus sitzen und warten, was passiert.“*

Erst nach der Ankunft in Chile, in Punta Arenas, Tausende Kilometer von zu Hause entfernt, sollte er von Silke erfahren, dass sein zweiter Sohn alles gut überstanden hatte.

Ein reiner Kraftakt, der Lauf durch den Tiefschnee. Training für das Rennen in der Antarktis (Juli 2007, Dachsteingletscher).

Red Bull

Gedanken vor dem Rennen: „Zieh es durch, sonst musst du die Sache noch einmal machen!“

Schnee wird mit chemischen Handwärmern geschmolzen, um daraus Trinkwasser zu machen.

Red Bull
asics
Red Bull
asics

Red Bull
Red Bull
ANTARCTIC ICE MARATHON & 100K
9
CHRISTIAN SCHIESTER (AUST)
WWW.ICEMARATHON.COM

23 Schöner weißer Vogel

Christian beim Trinken aus dem Schlauch während des Antarctic Ultra Race 2007.

Am 8. Dezember 2007 landete Christian mit 19 anderen, darunter die starken Extrem-Marathonläufer Bernardo Fonseca (Brasilien) und Toshio Ohmori (Japan), in Südpatagonien.

Für den folgenden Tag war eine Art Überlebenstraining für die Tage im Eis geplant. Am 10. Dezember sollte es mit einem Flugzeug der Marke Iljuschin von Punta Arenas in Richtung Antarktis weitergehen, damit das Rennen wie geplant spätestens am 15. Dezember gestartet werden könne. Das Gepäck für das Rennen mit der gesamten Ausrüstung und Verpflegung wurde noch am 9. Dezember auf dem Flughafen in Punta Arenas in die Iljuschin verladen. Es sollte dort eine Woche lang schmoren. Denn am Südpol tobten Schneestürme, die eine pünktliche Anreise nicht möglich machten. *„Eigentlich untypisch. Denn es war ja Hochsommer und da gibt es normalerweise 24 Stunden Sonne und strahlendes Wetter.“*

Die Expeditionsteilnehmer waren gezwungen, sich in der größten Stadt in Südpatagonien (Punta Arenas hat rund 120.000 Einwohner und liegt gegenüber der Insel Feuerland) ein Hotelzimmer zu suchen. Auf eigene Kosten, versteht sich. Für den Veranstalter – Richard Donovan hatte einen Vertreter namens Brent Weighner aus den USA geschickt – begannen die Verpflichtungen erst ab dem Flug zum Südpol. Und das alleine kostete die Teilnehmer pro Kopf 15.000 US-Dollar! Im Hotel „Diego de Almagro“ kamen 120 Euro pro Nacht dazu. *„Die anderen Teilnehmer diskutierten wütend in der Hotelhalle und machten sich Gedanken darüber, was passiert, wenn man gar nicht zum Start fliegen könne. Aber ich hab’ mich da völlig rausgehalten.“*

Christian tat stattdessen das, was er am besten kann: laufen. *„Das Hotel hatte acht Stockwerke. Ich bin im Treppenhaus stundenlang rauf und runter gelaufen oder am Meer entlang. Bei angenehmen 20 Grad.“* Wenn er sich zu weit vom Hotel entfernte, bekam er vom Hotelmanager ein Funkgerät, um erreichbar zu sein. Die Läufer mussten binnen einer Stunde abreisebereit sein.

Aber erst am 16. Dezember, acht Tage vor Weihnachten, sollte es soweit sein. *„Wir wurden um drei Uhr früh telefonisch informiert und sechs Stunden später sind wir im Flieger gesessen.“* In einer 30 Jahre alten Iljuschin ohne Fenster für die Passagiere. *„Die Maschine war primitivst ausgestattet, noch ohne digitale Geräte. Wir sind in der Mitte gesessen, zwischen Kerosinkanistern. Natürlich gab’s auch keine fesche Stewardess. Von einem Russen mit einem dicken Bauch und Vollbart haben wir eine Dose Limonade und eine Packung Kartoffelchips bekommen. Das war’s für viereinhalb Stunden.“*

Schon die Landung auf der etwa drei Kilometer langen Eispiste trieb den Läufern dann den Schweiß in den Nacken. *„Wir sind klitschnass ausgestiegen. In der*

Maschine herrschte trotz der Ohropax, die wir bekommen haben, irrsinniger Lärm. Gesehen haben wir klarerweise nichts, wir mussten uns auf unser Gespür verlassen. Plötzlich haben wir gemerkt, dass es Erschütterungen gibt, dass wir offensichtlich landen. Aber dann ist der Flieger plötzlich wieder aufgestiegen. Das Ganze noch zwei Mal. Dann standen wir endlich still. Ich hab' mir zwischendurch gedacht: Okay, wenn du jetzt abstürzt. Aber vorher hätte ich noch gerne das Erlebnis des Rennens gehabt." Er sollte es bekommen. Und es sollte fast 20 Stunden dauern.

Vom Flugzeug war etwa ein Kilometer zum Zeltlager zurückzulegen, das neben einer Forschungsstation errichtet war. Christian war fasziniert von den ersten Eindrücken. „*Es war strahlend blauer Himmel, die Sonne stach vom Himmel – und so weit das Auge reicht bloß glitzernder Schnee und Eis.*" Es war Sommer in der Antarktis. Es wurde niemals dunkel. Normalerweise.

Auf dem kurzen Marsch zum Camp kamen den Marathonläufern drei Bergsteiger entgegen. Zwei Männer stützten einen dritten. „*Dieser Mann verhielt sich wie ein Hund. Er hat geknurrt, gewinselt und geheult und hatte deutlich sichtbare Frostbeulen im Gesicht.*" Wie Christian später erfuhr, handelte es sich um Bergsteiger aus England, die acht Tage lang im 3.700 Meter hoch gelegenen Basislager auf dem Mount Vinson (mit 4.892 Metern der höchste Berg der Antarktis, Anm.) eingeschneit gewesen waren und sich wegen der Schneestürme nicht befreien konnten. „*Spätestens jetzt wusste ich: Das ist eine ganz andere Kategorie, in der ich mich jetzt befinde. Das heißt: Du darfst keinen Fehler machen.*"

Aber auch im Basislager in den Patriot Hills ließ das Wetter zunächst keinen Start des Rennens zu. Sonnigen Phasen folgten immer wieder wilde Schneestürme, die an den Zelten rüttelten. Zwei Tage wurde bloß gewartet, Rennleiter Brent Weigh-

„Sehr einsame Momente, bei denen es drauf ankommt, dass du dich auf das Wesentliche konzentrierst ...“

ner gab dann bekannt, dass es kein Ultra Race zum Pol geben werde, sondern eine 42-km-Schleife bei den Patriot Hills als „Marathon“ und eine 100-km-Schleife, die rund um die Independence Hills führen sollte. Nach den 42 Kilometern sei es jedem selbst überlassen, ob er weiterlaufen wolle – oder nicht. Es war bereits der 18. Dezember 2007.

Einen Tag später rissen die Veranstalter die Läufer um 6.00 Uhr früh aus den Schlafsäcken. Start in einer Stunde! Das erhoffte „Weather Window“, von dem alle in den vergangenen Tagen gesprochen hatten, war da, die Sonne brannte aufs Eis, am Himmel war keine Wolke zu sehen. Es hatte erträgliche sechs Grad minus.

Die Strecke war bis zur Marathondistanz von 42 Kilometern mit bunten Fetzen markiert. Fetzen, die der Wind bald verblasen sollte. Außerdem begleiteten Skidoos die Läufer. Christian erschien mit seinem aluminiumsilbernen Anzug am Start, die anderen betrachteten ihn wie einen Außerirdischen. *„Die anderen standen mit dicken Daunenjacken und im ‚Zwiebelsystem‘ mit dünner Unterwäsche, dickerer Unterwäsche, dicker Hose wie die Michelin-Männchen da. Für sie war ich ein Sonderling.“*

Als der Startschuss fiel, liefen viele los, als gäbe es kein Morgen, obwohl es zunächst durch knietiefen Schnee ging: *„Die sind weggerannt wie die Wahnsinnigen, das war eindeutig zu flott, wenn man 100 Kilometer laufen will.“* Für Christian, der sich zunächst im Mittelfeld hielt, war klar: *„Ich renne den Hunderter. Egal, was passiert.“* Schon nach wenigen Metern schmiss er große Teile der Überlebensausrüstung wie Unterlagsmatte, Schneeschuhe oder Schlafsack weg und trug damit nur noch rund drei statt zwölf Kilogramm am Rücken. *„Ich hab’ gewusst, dass ich das Zeug nicht mehr brauchen würde.“*

Antarktis, Checkpoint bei km 73 – noch weitere 27 Kilometer!

Christian lief den Marathon locker an und kam als Fünfter durchs Ziel dieses Teilstücks. „*Da war bereits der Teufel los. Es hatte jetzt minus 20 Grad und es herrschte dichtes Schneetreiben mit Nebel und starkem Wind.*“ Der Rest des Feldes blieb stehen und wollte auf besseres Wetter warten. Aber Christian wollte weiter. „*Ich hab' gesagt, dass ich hier bin, um den Hunderter zu laufen. Der Veranstalter meinte, es sei zu gefährlich, aber ich hab' abgewinkt und war schon wieder weg.*“ Andere Läufer probierten es später auch, gaben aber nach wenigen Kilometern auf.

Christian lief jetzt alleine durch das Schneetreiben, die Sicht war gleich null, und orientierte sich an den auf seiner GPS-Uhr eingegebenen Wegpunkten. „*Es war so wahnsinnig weit und einsam. Aber plötzlich, bei Kilometer 73, gab es einen Checkpoint, wo ein Zelt gestanden ist. Auch dort hat man mir zugerufen: Stopp! Stopp! Aber ich bin nicht stehen geblieben.*"

Rund 85 Kilometer waren geschafft, als er in einen Zustand kippte, den er noch nie erlebt hatte: „*Ich hab' mir gedacht, bist du deppert, jetzt bist du 17 Stunden*

Christian, völlig entkräftet im Ziel, die österreichische Flagge am Kopf. Rechts: Kurz vor dem Start.

unterwegs. Und plötzlich fliegt über mir ein Vogel, ein riesiger weißer Vogel, wie eine Möwe, nur größer, und so nahe über mir, dass ich ihn fast berühren konnte. Ich hab' mir gedacht: Du bist nicht alleine! Es ist wunderschön! Aber ich war fix und fertig und ich wusste: Bloß nicht stehen bleiben."

Christian riss dann den aus der Steiermark mitgebrachten Speck aus dem Rucksack. Hart gefrorene Speckwürfel, die er langsam zu lutschen begann. Mit Handwärmern versuchte er, das Wasser im Trinksystem auf seinem Rücken (ähnlich jenem, das er im Dschungel verwendet hatte) zu schmelzen. Es gelang. Aber er hatte keine Kraft mehr, das Wasser, das im Schlauch bei jedem Trinkvorgang zurückblieb, wieder in den Beutel zu blasen. Der Schlauch und auch das Mundstück gefroren. „*Ich hab' begonnen, stattdessen Schnee zu essen.*" Als sich das Wetter wieder besserte und die Sonne schien, war Christian wie in Trance. „*Wenn ich jetzt sterbe, ist es mir wurscht. Der Vogel war da.*"

Heute weiß Christian, dass er einer Fata Morgana zum Opfer gefallen ist. „*Es war eine Abwehrreaktion des Körpers, bei der dir die Psyche etwas Positives vorspielt, um das negative Körpergefühl zu übertrumpfen. Der Vogel kann nicht existiert haben, es gibt dort keine Nahrung. Es war eine Halluzination, die mir die Psyche vorgespielt hat, um das Ganze zu überstehen. Das war ein Ausnahmezustand, wie ich ihn noch nie erlebt habe. Ich hätte alles gewettet, dass ich den Vogel wirklich gesehen habe. Die Forscher, denen ich das später erzählt habe, haben mich ausgelacht.*"

Das Ziel – nach 19 Stunden 58 Minuten und 24 Sekunden: „Der längste Tag meines Lebens!"

Mitten im gleißenden Sonnenlicht waren dann plötzlich die Patriot Hills zu sehen, die etwa acht Kilometer lange Felsenhügelformation, wo das Basis-Camp lag. *„Es war ein Uhr nachts und ich dachte, jetzt ist es nicht mehr weit, vielleicht eine Viertelstunde. Aber es waren noch zwei Stunden."*

Im Lager herrschte trotz der dauernden Sonnenbestrahlung längst Nachtruhe, nur ein russischer Forscher war noch wach. *„Der hat gern ein bisschen getrunken und saß beim Funkgerät im Container, da sieht er einen schwarzen Punkt, der sich auf das Lager zubewegt: mich!"* Der Russe trommelte die Expeditionsteilnehmer aus den Schlafsäcken und Christian lief wie von Sinnen auf das Zielband zu. *„Ich hab' versucht, die österreichische Fahne, die ich auch schon im Himalaya dabei hatte, aus dem Rucksack herauszuziehen, aber meine Finger waren total klamm. Nicht, weil es so kalt war, sondern weil das Blut weg war. Der Körper fängt dann an, das Blut von irgendwoher zu holen, um für die Muskeln noch etwas aufzubringen.*

Dann aber hab' ich die Fahne hochgerissen und bin auf der Ziellinie zusammengebrochen. Es war einfach irre. Alles war leer. Dann reicht mir der Russe seine Militärfeldflasche und ich hab mich gefreut: Tee! Endlich Tee! Aber es war reiner Wodka. Und alle haben geschrien ‚du hast es geschafft' und der Wodka ist mir in wenigen Hundertstelsekunden mitten ins Hirn gefahren und die Welt war wunderschön, und die Tränen sind mir waagerecht rausgeschossen.“ 19 Stunden und 58 Minuten waren seit dem Startschuss vergangen. Für 100 US-Dollar durfte Christian mit dem Satellitentelefon des Russen bei Silke und den beiden Buben anrufen. Es war vollbracht. Und es war der 20. Dezember.

Den Preis für den Sieger, eine 5.000 US-Dollar teure Expeditionsuhr, spendete Christian zugunsten einer Versteigerung für die karitative Red Bull-Aktion „Wings for Life".

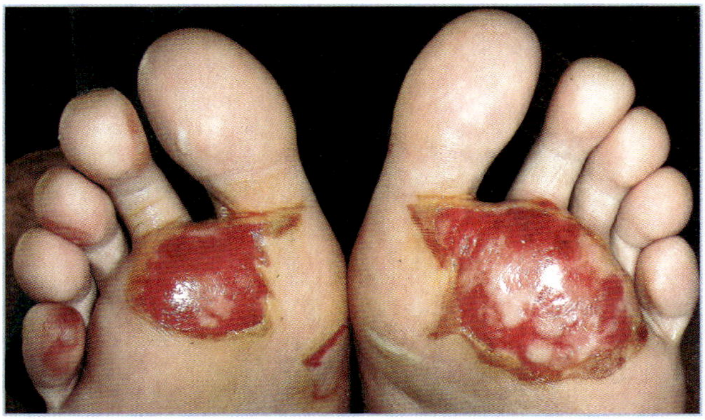

„Wenn du mit deinem Schmerz alleine bist, wird er irgendwann dein Freund. Es ist ja sonst niemand da, mit dem du dich anfreunden könntest."

„Schmerz"

Aber wie, mag sich der Leser jetzt fragen, kann man diese Schmerzen aushalten und weiterlaufen? Die Durchfallattacken beim „Marathon des Sables", die den Körper aus- und leersaugten wie eine altersschwache Batterie? Die Schmerzen in der Wade und in den Knien, die jeden Schritt beim Bergablaufen beim „Himalaya Run" zum Harakiri werden ließen? Die offenen, eitrigen und fauligen Blasen auf beiden Fußsohlen und der Hitzschlag im Dschungel? Und die völlig irre Trance in der Antarktis?
Und nicht nur das: „Als mir ein Mann von der Organisation im Ziel bei den Patriot Hills die Socken auszog und meine Fußsohlen betrachtete, sah ich das Entsetzen in seinen Augen. Ich selbst zog die frischen Socken, die er mir schnell überstülpte, erst nach 40 Stunden wieder aus – und betrachtete dann meine Füße. Sie waren völlig normal. Unmittelbar nach dem Rennen dürften die Sohlen völlig blutleer und grau gewesen sein ..."

Für Christian gehören Schmerzen „zum Job" wie für andere die Stempeluhr. Dabei war er in der Zeit vor seiner Wandlung zum Extremmarathonläufer, wie er selbst sagt, „ein Weichei". Christian: „Schon die kleinste Verletzung und der noch so leichte Schmerz hat mich körperlich und geistig zu Fall gebracht. Ich habe Selbstmitleid in Perfektion betrieben."

Das Selbstmitleid ist der absoluten Zielorientierung gewichen. Christian hat selbst bei jedem Training Schmerzen. Schmerzen, die er über Jahre hinweg

Red Bull

gewohnt ist. „Meine Trainingsphilosophie: Du trainierst und zerstörst dabei schlechte Muskulatur, in der Hoffnung, dass bessere Muskeln nachwachsen! Dazu gehört eben der Schmerz."

Und wenn Christian ein Ziel vor Augen hat, dann verdrängt er die Schmerzen. „Das ist eine besondere Fähigkeit, die ich besitze: das absolute Durchhaltevermögen, das man lernt, wenn man sich ganz, ganz fest ein Ziel gesteckt hat und sich monatelang darauf vorbereitet. Ich denke mir immer, auch wenn es noch so wehtut und ich schreien könnte vor Schmerzen, dass ich das Rennen zu Ende bringen muss, weil sonst muss ich das Ding noch einmal machen, um diesen Fleck auf meiner Weste zu entfernen. Das war es auch, was mich im Dschungel dazu getrieben hat, die letzten sechs Kilometer trotz unvorstellbarer Qualen auch noch zu laufen."

Mit der Zeit und mit den vielen Leiden beim Laufen hat Christian fast ein liebevolles Verhältnis zum Schmerz aufgebaut: „Jede Art von Schmerz hat auch etwas Positives. Es ist ein gutes Zeichen des Körpers, dass er es zulässt, überhaupt Schmerzen zu spüren. Und zu fühlen, wie schön es ist, wenn der Schmerz aufhört und einem nichts mehr wehtut. Erst dann weiß man richtig zu schätzen, wie toll es ist, auf der Welt zu sein."

Red Bull
NORTHLAND
PROFESSIONAL

Immer das Ziel im Auge: „Wer zu jammern beginnt, hat bereits verloren ...“

24 Weihnachten in Santiago

Erst drei Tage später ließ das Wetter den Rückflug nach Punta Arenas zu. Es war der 23. Dezember. Bereits am frühen Abend waren alle Schalter auf dem Flughafen geschlossen. Weiterflug unmöglich. Am nächsten Tag hatte Christian etwas mehr Glück. Um fünf Uhr früh fuhr er mit dem Taxi zum Airport, kurz vor 14.00 Uhr landete er in Santiago de Chile. „*Um 14.03 Uhr bin ich am Schalter der spanischen Fluglinie Iberia gestanden. Ich erinnere mich genau. Und bis 14.00 Uhr hätte ich einchecken können. ‚Zu spät', sagte die Dame am Schalter. Und ich sag': Heute ist der 24. Dezember. Ich hab' zwei Kinder zu Hause. Können Sie mich nicht doch noch einchecken? Ich bitte Sie! Daraufhin greift sie seelenruhig unter das Pult, holt ein Glas Rotwein heraus, trinkt und sagt: ‚Schauen Sie, es ist so schön bei uns, bleiben Sie doch da, schöne Weihnachten'.*"

Christian musste notgedrungen noch eine Nacht in Santiago anhängen. „*Ich bin raus aus dem Flughafen. Vor der Tür standen Hunderte Taxifahrer – jeder wollte mit mir irgendwohin fahren. Und ich wollte schon bei einem einsteigen, da kommt ein Polizist und sagt ‚Sie werden doch mit dem nicht mitfahren? Das ist kein offizielles Taxi. Wenn Sie mit dem mitfahren, kann es sein, dass Sie nie wieder heimkommen.'*„ Der Polizist setzte Christian in ein offizielles Taxi, das ihn in ein sündteures Hotel brachte. „*Dort bin ich am Heiligen Abend bei 30 Grad am Swimmingpool gesessen und habe zu Hause angerufen. Meine Familie hat gerade die Geschenke unter dem Christbaum ausgepackt und ‚Stille Nacht' gesungen.*"

Und wie feiert einer wie Christian Weihnachten, wenn er alleine ist? Er geht laufen. „*Ich bin langsam durch Santiago gewackelt, weil mir alles wehgetan hat.*"

30 Grad und ein romantischer Sonnenuntergang.
Der „Heilige Abend" in Santiago de Chile, 2007.

Am Abend bestellte er sich in der Hotelbar zwei Bier und Zitronenlimonade, mixte sich zwei Radler und aß ein „*dickes Steak*", das ihm von einer dunkelhäutigen Kellnerin serviert wurde. Christian und die Kellnerin kamen ins Gespräch. „*Sie hat mir erzählt, dass sie ein Kind hat und jetzt gleich heimgeht, um den Heiligen Abend zu feiern. Ich hab' ihr 50 Dollar Trinkgeld gegeben und gesagt: Frohe Weihnachten. Sie wollte es zuerst nicht annehmen. Ich hab' ihr erzählt, dass meine Kinder weit weg sind, sie soll doch ihrem Kind wenigstens etwas Schönes schenken. Sie hat geweint vor Freude.*" Am nächsten Tag flog Christian nach Wien. Es war das zweite Mal in seinem Leben, dass er zu Weihnachten nicht zu Hause war. „*Beim Bundesheer hab' ich mal einen Wachdienst ausgefasst, weil ich vorlaut war.*"

25 Wahn und Sinn

Ist das, was Christian Schiester tut, Wahnsinn? Ist es verrückt, total irre, durchgeknallt oder gibt es dafür eine bessere Bezeichnung? Haben die, die ihn als Wahnsinnigen bezeichnen (und das sind sehr viele!) recht? Oder ist er eine „Maschine", wie ihn ein Konkurrent aus Deutschland während des „Himalaya Race" im November 2004 bezeichnete?

Aber was ist Wahnsinn eigentlich? Versuchen wir, uns der Bedeutung des heutzutage ja geradezu inflationär verwendeten Wortes theoretisch zu nähern.

Das Internetlexikon „Wikipedia" spuckt dazu folgende Erklärung aus:

Als Wahnsinn (oder Verrücktheit) wurden in der Geschichte des Abendlandes bis zum Ende des 19. Jahrhunderts bestimmte Verhaltens- oder Denkmuster bezeichnet, die nicht der akzeptierten sozialen Norm entsprachen. Dabei bestimmten stets gesellschaftliche Konventionen, was jeweils genau als „Wahnsinn" verstanden wurde: Der Begriff konnte dabei für bloße Abweichungen von den Konventionen (vgl. lat. delirare aus de lira ire, ursprünglich landwirtschaftlich „von der geraden Furche abweichen, aus der Spur geraten") für geistige Störungen, bei denen ein Mensch bei vergleichsweise normaler Verstandesfunktion an krankhaften Einbildungen litt, bis hin zur Kennzeichnung völlig bizarrer und (selbst-) zerstörerischer Handlungen verwendet werden. Auch Krankheitssymptome, wie etwa jene der Epilepsie oder eines Schädel-Hirn-Traumas, wurden zeitweilig als Wahnsinn bezeichnet.

Den Wahnsinn im Zusammenhang mit außerordentlichen Leistungen – nicht nur im Sport – beschreibt dies wohl kaum, obwohl es zahlreiche Studien gibt, die eine Spur Wahnsinn als gute Basis für hohe Kreativität und Leistungsfähigkeit belegen. Zum Beispiel tickte Wolfgang Amadeus Mozart nicht richtig. Bei Hofe war es ihm unmöglich, länger still zu sitzen, er wählte dort außerdem gerne unpassende Ausdrucksweisen. In Briefen wechselte Amadeus schon mal unvermittelt zu sinnlosen Reimereien und unterzeichnete mit „Herzlichst Ihr Süssmaier Scheißdreck". Sein musikalisches Genie beeinflusste das aber keineswegs, wie wir wissen.

Ist das, was wir heutzutage also als Wahnsinn bezeichnen, nicht einfach ein anderes Wort für „unbegreiflich"? Waren nicht auch die Leistungen und Ideen eines Leonardo da Vinci, eines Albert Einstein, Michelangelo oder eines Picasso, van Gogh oder sogar der Beatles zunächst unverständlich? Oder sind die Leistungen eines Haile Gebrselassie, der den Marathon-Weltrekord mit sagenhaften 2:03:59 Stunden hält, für uns nicht auch Wahnsinn oder das, was Diego Maradona, Roger Federer und Michael Schumacher in ihren Sportarten an Unfassbarem geleistet haben? Oder man denke an den österreichischen Base-Jumper Felix Baumgartner, der sich in Todesverachtung in die Tiefe stürzt und erst in letzter Sekunde den

Fallschirm öffnet? Oder möchten Sie im Renntempo die vereiste Streif in Kitzbühel auf Skiern und in der Hocke bewältigen?

Christian mag es gar nicht, wenn man ihn als Wahnsinnigen bezeichnet, bloß weil er mit seinem Tun aus der Normalität herausgetreten ist. *„Jeder Wahnsinn muss hart erarbeitet werden, damit er überhaupt als Wahnsinn bezeichnet wird. Das ist auch der Grund, warum die breite Masse das abqualifiziert. Weil sie selbst nicht die Konsequenz aufbringt."*

Aber war es nicht auch in gewisser Hinsicht Wahnsinn, sich auf über 100 Kilogramm raufzufuttern und Tag für Tag mindestens 40 Zigaretten zu rauchen? *„Ich denke immer wieder daran, was aus mir geworden wäre, wenn ich nicht dieser extreme Sportler geworden wäre. Ich hätte heute wahrscheinlich 130 Kilo und würde 60 Zigaretten am Tag rauchen und jeden Abend in irgendeiner Bar oder in einem Wirtshaus versumpfen. Ich hab' die Qual des einen Extrems gegen die Qual des anderen Extrems ausgetauscht. Nur: Bei diesem Extrem kann ich selbst jederzeit entscheiden, wann die Qual vorüber ist. Nämlich dann, wenn ich stehen bleibe."*

Denn auch wenn es so unbegreiflich für die meisten ist, dass Christian durch die Wüste, das Himalaya-Massiv, den Dschungel oder durch die Antarktis in einem Tempo laufen kann, das andere nicht mal für 100 Meter durchhalten würden: Er hat immer alles im Griff. Er geht bewusst über seine Grenzen. Aber er geht dennoch nie zu weit. Er gefährdet weder sich noch andere. Und Christian verzichtet praktisch gänzlich auf medizinische Unterstützung. Sowohl vor als auch während sowie nach den Rennen.

Der anerkannte Experte, Dr. Paul Haber (er leitet die Abteilung Sport und Leistungsmedizin sowie die klinische Abteilung für Pulmologie der Klinik für Innere Medizin IV Medizinische Universität Wien) hält das für durchaus logisch, wie er in einem ORF-Interview zum Phänomen Schiester erklärte: „Eine der ärztlichen Erfahrungen ist, dass der Mensch wahnsinnig viel aushält. Wenn er prinzipiell gesund ist, kann er sich sehr viel zumuten. Speziell, wenn er regelmäßig trainiert ist. Und wenn er die Extremsituationen kennt, glaube ich nicht, dass ein Mediziner viel beitragen kann." Zusatz: „Außer, dass er dringend abrät, bei 40 oder 60 Grad durch die Wüste zu laufen."

„Extrem"

„Ich kann nichts machen, was nicht extrem ist. Ich hab extrem gesoffen. Ich hab extrem geraucht. Ich war extrem fett und extrem faul. Ich hab extrem trainiert und laufe Extrem-Marathonrennen. Und meine Firma heißt ‚extreme sport management'."

ed Bull

Ist Christians vermeintlicher Wahnsinn nicht eher eine Sucht? Ja, sagt Christian. Er ist gerne süchtig nach Extrem-Marathonrennen, nach der Auseinandersetzung mit der Natur und ihren Gefahren, es ist das Leben, das er liebt. Niemand hat ihn dazu gezwungen.

Wenn Christian sich Ziele setzt, dann ist fast alles möglich. „*Wenn der Körper wirklich funktioniert und ich mir vorstelle, dass ich alles, was ich erreichen will, auch erreichen kann, dann gibt es keine Grenzen.*“ Womit wir wieder beim Vergleich mit den oben genannten Genies, ob in Wissenschaft, Kunst oder Sport, wären. Haber: „Ich habe Sympathie für solche Menschen wie Christian Schiester. Es sind extreme Persönlichkeiten, wie auch der Michelangelo eine extreme Persönlichkeit war oder auch ein Einstein.“

Das Schlusswort zu diesem Kapitel aber sei Hubert Millonig gegönnt, dem wahrscheinlich profundesten Fachmann Österreichs in Sachen Laufen, der Christian trainingstechnisch vor dem „Himalaya Run“ betreute: „Nur die Verrückten haben auch etwas bewegt auf der Welt. Die, die immer nach der Norm marschieren, bewegen gar nichts.“ Einer wie Schiester bewegt. Sich. Und andere.

„Christian Schiester ist eine extreme Persönlichkeit, wie auch Michelangelo eine extreme Persönlichkeit war."

26 Partner für den Lauf ins Leben

Bull

26 Partner für den Lauf ins Leben

Pentathlon in Kössen 1992: Schimanovsky, Griesser, Zotter, Schiester.

Als Red Bull noch verboten war …

1992 gab Christian seine Premiere im RED BULL Team. Es galt, in Kössen in Tirol den Mannschaftsbewerb für einen Kajakfahrer, einen Biker, einen Paraglider und einen Bergläufer zu gewinnen. Paraglider Otmar Zotter holte Christian mit dem „Red Bull Wohnmobil" von zu Hause ab. Neben Alex Schimanovski (Kajak) und Hans Griesser (Bike) hatte das Gefährt auch noch Hunderte Dosen Red Bull geladen. An der Grenze – das Getränk, das Flügel verleiht, war damals in Deutschland verboten – wurde das Quartett aufgehalten und kontrolliert. Sie mussten alle Dosen ausladen, an der Zollstelle deponieren und durften die Kartons bei der Rückreise wieder mitnehmen.

Der Auftrag, beim Rennen einfach Red Bull an die Zuschauer und Teilnehmer zu verteilen, war also eine „Mission Impossible". Also wollten sie das Rennen wenigstens unbedingt gewinnen. *„Es war eine sportliche Schlacht"*, erinnert sich Christian. *„Aber wir haben es geschafft!"*

Den riesigen Pokal brachten die Vier am nächsten Tag persönlich bei Red Bull-Boss Dietrich Mateschitz vorbei. Christian: *„Diese Trophäe steht heute noch im Empfangsbereich."* Mateschitz war voll des Lobes und schon damals überzeugt: „Bald wird auch ganz Deutschland unseren ‚Bullensaft' trinken."

In Spendierlaune fragte Mateschitz: „Christian, brauchst du etwas?" Christian antwortete ganz unbescheiden: *„Naja, ein Mountainbike als Alternativtrainingsgerät wär' schon toll."* Daraufhin griff Mateschitz zum Handy und rief die Bike-Firma in Salzburg an. „Ich brauch' hier in Fuschl in spätestens zwei Stunden eine Kampfmaschine!", sagte er. Nur 90 Minuten später saß Christian auf einem silber-blauen Titanwunderwerk. *„Es war so leicht, ich konnte es mit einem Finger hochheben."* Heute noch hängt dieses Mountainbike gut geschützt in Christians Garage – es wird nur zu ganz besonderen Ausfahrten über die Wanderwege oben im Liesingtal ausgepackt. Übrigens: Seit dem Jahr 1991 hat Christian mehr als 12.000 Dosen Red Bull getrunken. Täglich zweimal, vor jedem Training.

Umgekremp(e)lt …

Schon jener tolle, aber leider eine halbe Nummer zu kleine, Wettkampfschuh, mit dem Christian seinen ersten Marathon in New York lief, war ein Fabrikat von ASICS (wussten Sie, dass das die Abkürzung für: „Anima Sana In Corpore

Sano" ist? Also: ein gesunder Geist in einem gesunden Körper). 1990 in Leoben begegnete Christian dem Slowenen Marjan Krempl. *„Ich schaute zu ihm auf wie zu Gott."* Krempl dominierte jahrelang die Laufszene in der Steiermark, er war damals das Aushängeschild von ASICS. Christian erinnert sich: *„Der Startschuss fiel und Marjan war verschwunden – am Horizont."* Krempl war Christians großes Vorbild. Wie er zeigte sich Christian nur noch in ASICS. 1993 kam es beim Silvesterlauf in Thörl zur Wachablöse: Er besiegte Krempl erstmals – und dann immer wieder. Und er trägt bis heute nur noch ASICS. *„Heute weiß ich, wie wichtig es für die Wirtschaft im Sport ist, genau solche Meinungsbildner, solche Opinion Leader, zu haben, um den Konsumenten dazu zu bringen, ihre Produkte zu kaufen."* Genau das ist jetzt Christians Job mit seinem „extreme sport management".

Ein völlig neues Laufgefühl

Michael Unterlercher, selbstständiger Bandagist aus Kindberg, rief Christian nach dem „Jungle Marathon" an. Er hatte die entsetzlichen Bilder von Christians Fußsohlen in der Zeitung gesehen. Unterlercher meinte, dass es nie soweit gekommen wäre, hätte Christian seine Produkte getragen. Dafür würde er garantieren. *„Das wollte ich mir anschauen!"* Christian ließ beim Unterlercher seine Füße mit dem Computer vermessen, bekam ein ausführliches Beratungsgespräch und schon steckten in beiden Laufschuhen die wichtigsten Werkzeuge, die Schuheinlagen TRIactive der Firma BAUERFEIND. *„Eine Wohltat für meine geschundenen Füße, die nun ganz besonders gestützt und zusätzlich gedämpft ein völlig neues Laufgefühl geben."* Christian verwendet auch andere Bauerfeind-Produkte wie GenuTrain (eine Kniebandage, praktisch ein Stoßdämpfer beim Bergablaufen) oder Ventotrain (Kompressionsstrümpfe für die Venen).

Red Bull
Red Bull

Einfach nicht umzubringen

Tom Öhler, Bike-Trial-Weltmeister im Red Bull Team, gab Christian den Rat, sich als Alternative zum Lauftraining öfter mal in den Sattel zu schwingen. Ebenso, wie Radfahrer mehr laufen sollten. Vor allem für den „Marathon des Sables" und den „Himalaya Run" ergänzte Christian sein Training durch Fahrten mit dem Mountainbike im Gelände und eine wöchentliche Radeinheit in der Sauna. Bei knapp 90 Grad ist ein Rad nötig, das Extremes leisten kann – und sich nicht gleich in seine Einzelteile zerlegt. Tom Öhler legte den Kontakt zu KTM: *„Junge Burschen mit tollen, flexiblen Ideen. Sie gaben mir ein Material, das einfach nicht umzubringen ist. Eine große Motivation für mich!"*

Auf ins neue Leben!

Möchten Sie sich gerne mal einen Multimediavortrag von Christian Schiester anhören bzw. auf einer riesigen Leinwand sehen und dabei auch noch in heißem Thermalquellwasser relaxen? Am Abend vor dem so genannten „Parkthermen Wüstenlauf" in BAD RADKERSBURG ist das möglich! Aber auch Christian weiß um die bedeutsame Symbiose von Training und Regeneration – und genau das findet er optimiert in Bad Radkersburg. Auch wegen der klimatischen Vorteile: *„Oft liegt in Mautern noch Schnee, wenn in Bad Radkersburg bereits die Blumen blühen. Eineinhalb Stunden Autofahrt, ich wechsle einfach die Jahreszeit – und ich kann im kurzen Dress am Nachmittag laufen, obwohl ich Stunden zuvor noch durch tiefen Schnee gestapft bin."* Und auch die Laufstrecken in den Mur-Auen entlang der slowenischen Grenze sind malerisch.

Bei einem gemeinsamen Trainingslauf mit Mag. Rudi Weber, Therapieleiter des Kurzentrums, wurde das Projekt „Auf ins neue Leben!" geboren, um auch die Allgemeinheit auf die Möglichkeiten in der Therme Bad Radkersburg aufmerksam zu machen. Bei „Auf ins neue Leben!" geht es darum, Menschen, die ihr Leben verändern wollen (sei es wegen Übergewicht oder Rauchen, wegen Alkoholproblemen oder seelischen Problemen), mit einem Expertenteam, dem auch Christian angehört, zur Seite zu stehen.

Red Bull
Red Bull

„Iss, was dir Freude macht, aber beweg' dich!"

Echt steirisch für einen Steirer: Die Kraft der Natur

„Die Kraft kommt nicht aus dem Bierglas oder aus der Wurstsemmel", sagt Christians sportlicher Mentor Kurt Mayer im Interview auf Seite 103. Richtige Kraft schöpft Christian dafür umso mehr aus jenem echt steirischen Nahrungsmittel- und Wohlfühlangebot, das es im VITALHOTEL in Bad Radkersburg gibt. Steirisch für einen Steirer, im wahrsten Sinn des Wortes – unter dem Motto: „Die Kraft der Natur."

Die Gastronomie des Hotels schöpft ihre Ressourcen gänzlich aus der regionalen Küche. Durch die kurzen Lieferwege wird nicht nur die Umwelt geschont, sie bürgen auch für die Frische der Nahrungsmittel: Das Obst kommt vom Obstbauern Gangl aus Deutsch Haseldorf, das Gemüse liefern die Firma Neubauer aus Krusdorf, und die Firma Gollenz aus Laasen, das Kürbiskernöl stammt aus der Ölmühle

Ganzheitliche Regeneration im Vitalhotel

Schober in Ratschendorf. Das Fleisch kommt von der Firma Rauch in Trautmannsdorf (die Rinder und Kälber sind ausschließlich naturgefüttert und aus der oststeirischen Region) und von der Firma Christandl. Für die Backwaren sorgen die Firma Binder aus Deutsch Goritz, und die Firma Lang aus Halbenrain, die Fruchtsäfte liefert die Firma Ploder aus Rosenberg. Und die Kräuter stammen aus dem hoteleigenen Kräutergarten beim Restaurant „Fontäne". Und das verwendete Kürbiskernöl, das „schwarze Gold", kommt vom Kürbishof Majcan aus Sicheldorf bei Bad Radkersburg.

Auf der sogenannten „Schmankerlkarte" bietet das Gastronomieteam im Vitalhotel spezielle steirische Delikatessen an wie den Vulcano Rohschinken mit Kürbischutney oder den Konixberger Hexenkas'.

Die freundlichen Damen an der Rezeption werden von Mode/Tracht Hiebaum mit einer speziellen Tracht, der Vulkanlandtracht, eingekleidet.

Aber die wichtigste Ressource der Region ist natürlich das Thermalwasser in Bad Radkersburg. Das Wasser und die anderen regionalen Angebote vereinen sich im Vitalhotel schließlich unter dem Wohlfühl-Motto „Die Kraft der Natur." Eine Kraft, die Geist, Körper, Herz und Seele belebt. Nicht nur für extreme Läufer geeignet …!

Der Retter aus dem Jenseits

Acht Fotoshootings hat JÜRGEN SKARWAN mit Christian gemacht – an den unterschiedlichsten Locations: Im Steinbruch von St. Margarethen im Burgenland, in den Donau-Auen bei Hainburg, am Gösseck und auch auf dem Rettenbachferner in Sölden rückte er Christians Trainingsalltag ins rechte Licht. Die Shootings dauern bis zu drei Tage. Jürgen Skarwan macht dabei Tausende Bilder, rund 15 davon schaffen es dann auf eine exklusive CD. Er ist kein Mann, der schnell selbstzufrieden ist. *„Das ist Knochenarbeit. Ich laufe zig Kilometer, bis der Schritt, der Gesichtsausdruck und der Hintergrund endlich zusammenpassen."*

Jürgen Skarwan, der „Meister der Fotografie".

Am Rettenbachferner, in rund 2.700 Metern Höhe, fuhren Christian und Jürgen mit den Skiern von der Bergstation zu einem Gletscherabbruch ab, um das „Training im Eis" für den Antarktismarathon zu do-

Professionelle Ausrüstung, die Basis zum Erfolg.

kumentieren. Christian trug seinen spacigen, silbernen Anzug, das Eis schimmerte blau und Jürgen war in seinem Element, als plötzlich ein Snowboarder über beider Köpfe hinweg gesprungen kam – und mit einem lauten Krachen in einer Gletscherspalte landete. „Der Christian ist mit seinem spacigen, fast außerirdischen Anzug hin, hat in die Spalte geschaut und ihm die Hand gereicht. Der Snowboarder hat sicher geglaubt, er ist bereits im Jenseits", erinnert sich Skarwan. Christians Hand reichte aber nicht aus. Aus Skarwans und Christians Jacke knüpfte Christian ein „Seil", mit dem sie den etwa vier Meter abgestürzten, jungen Mann retten konnten. *„Wäre er nicht mit seinem Snowboard hängen geblieben, wäre ihm nicht mehr zu helfen gewesen. Die Spalte war bestimmt 30 Meter tief."*

Damit nichts ins Auge geht …

„Setzen Sie eine Brille auf, das schützt Ihre Augen vor der UV-Strahlung und gegen Wind, Staub und Feuchtigkeit", heißt es in Christians „glorreichen sieben Lauftipps" in diesem Buch. Für einen Extrem-Marathonläufer wie ihn und unter extremen Bedingungen wie in der Wüste, im Himalaya, aber vor allem im Dschungel und in der Antarktis sind Sonnenbrillen aber noch viel mehr: Schutz vor Verletzungen der Augen durch Gestrüpp und Äste und die extreme Sonneneinstrahlung.

Für das Rennen in der Antarktis entwarf CARRERA ein ganz spezielles Glas, das Christians Augen vor der extremen UV-Belastung schützte. *„Und die Gläser hielten auch der Wucht meiner Tränen stand, die mir auf der Ziellinie nach dem tiefen Schluck Wodka nur so rausschossen …"*

27 Epilog

„Christian gehört zur außergewöhnlichen Spezies“

Hubert Millonig (61) gilt als absolute Koryphäe unter den österreichischen Laufsporttrainern für die Mittel- und Langstrecken. Generationen von Top-Athleten sind durch seine Schule gegangen, unter anderem auch Österreichs jahrelang bester Marathonläufer, Michael Buchleitner. Drei Jahre lang (2000 bis 2003) betreute Millonig, der selbst an Olympischen Spielen teilnahm und österreichischer 5.000-m-Meister war, auch Christian Schiester. Ihre Zusammenarbeit endete, als sich Christian vom Marathon ab- und den extremen Etappenrennen zuwendete.

Hubert Millonig im Interview: Warum Christians Weg nicht zur Nachahmung empfohlen ist, wann der erste Mensch den Marathon unter zwei Stunden laufen wird – und weshalb er ein Rennen am Mond für möglich hält.

Es wird viel darüber diskutiert, ob das, was Christian Schiester jetzt tut, Wahnsinn ist – wie stehen Sie zu diesem Begriff?

Hubert Millonig: Wie definiert man Wahnsinn? Es ist ja eigentlich egal, ob im Sport oder in der Kunst. Es haben immer nur die etwas bewegt, die an ihre Grenzen gegangen sind. Als Violinspieler nutzt es mir nichts, wenn ich täglich zwei Stunden übe, wenn ich außerordentlich sein will, muss ich sechs oder sieben Stunden täglich üben – oder noch mehr. Auch im wissenschaftlichen Bereich waren es nie die Normalsterblichen, sondern die ‚Außerirdischen‘, die etwas erreicht haben. Kolumbus hat zwar zufällig Amerika entdeckt, aber ihn trieb ein hohes Maß an Begierde. Otto Normalverbraucher hat diesen Drang nicht, etwas Außergewöhnliches zu tun und es auch zu beweisen, dass er dazu fähig ist. Christian gehört zur außergewöhnlichen Spezies.

Ist das, was er tut, begreifbar?

Hubert Millonig: Es ist nicht so einfach zu begreifen. Da müsste man schon Motivforscher oder Psychologen auf ihn ansetzen. Die werden sicher praktikable Antworten finden. Aber es ist nicht entscheidend, ob es jemand begreift. Man muss nicht immer den anderen etwas beweisen, Christian beweist es sich selbst.

In Wirklichkeit sind Menschen wie er Abenteurer. Deren Handeln wird sehr leicht und schnell abgetan, niemand denkt auch nur zwei Sekunden darüber nach. Da wird eher akzeptiert, dass wir uns mit Messer und Gabel umbringen. Unsere Gesellschaft stellt immer wieder Normen auf, die nur Gültigkeit haben, um das eigene Dasein zu rechtfertigen. Da wird vieles an Blödheiten akzeptiert.

Christian erreicht in seinem Sport, in dem Stück Abenteuer, in der Lust am Unbekannten, in der Herausforderung eine tiefe Zufriedenheit, die viele Leute im Leben niemals erreichen. Daran scheitern viele. Viele werden mit dem Alltagsfrust nicht fertig. Es gibt ja genug frustrierte Trottel auf dieser Welt. Aber Christian war der Alltag, das geordnete Leben in Bahnen, nicht genug. Er ist anders. Christian ist ein Menschentyp, der Lust auf Neues hat und Lust auf permanente Bewegung und Anstrengung. Er ist vom Sport bestimmt und profitiert davon. Und er sucht sich immer neue Herausforderungen, die sich laufend ändern. Es hat noch immer Steigerungsraten bei seinen Herausforderungen gegeben. Das folgende Rennen war stets noch schwerer, noch härter.

Ist Christian eigentlich noch ein Leichtathlet im herkömmlichen Sinn?

Hubert Millonig: Nein, Leichtathlet ist er beileibe keiner mehr. Er ist Ausdauersportler im Sinne des Extremsports. Das ist ja kein genormter Sport, wie wir ihn in der Leichtathletik haben, sondern er hat seine eigenen Regeln aufgestellt. Seine Ziele sind andere, nämlich das Durchkommen, Ankommen und Bewältigen.

Wenn Sie ihn länger unter Ihren Fittichen gehabt hätten, welche Marathonzeit wäre für ihn möglich gewesen?

Hubert Millonig: Wo das Ende des Fahnenmastes gewesen wäre, kann ich nicht sagen. Er hatte und hat großes Talent zum Laufen und kam im Jahr 2000 zu mir, um sich im Marathon zu verbessern. Aber es hat gar nicht so lange gedauert, da kam der Zeitpunkt, an dem er sich andere Ziele gesucht hat. Er war gesättigt von den vielen Rennen. Er hat auf gut Steirisch gesagt, dass ihn die Laufszene ‚anzipft'. Aber wenn ich mir seine Statur, seinen Kopf, seine Stärken und Schwächen so ansehe, dann hätte ich eine Zeit unter 2:20 Stunden als machbares Ziel gesehen.

Ist Christians Weg zur Nachahmung empfohlen?

Hubert Millonig: Nachahmenswert ist das nicht. Er ist ein Grenzgänger. Er bewegt sich schon auf dem Grat der Belastung, wo nicht klar ist, ob das noch gesund ist oder bereits schädigend. Das kann der Sportler nie ganz beurteilen. Im üblichen Sinne hat das, was er tut, nichts mit Gesundheitsprophylaxe zu tun. Aber er kann ein Vorbild sein, indem er zeigt, was möglich ist. Wie man sein Leben verändern kann. Wenn er in seinen Vorträgen vermittelt „Wo ein Wille, da auch ein Weg", dann ist es gut. Es darf ruhig der Eindruck entstehen, dass da vorne einer steht, der Außergewöhnliches geleistet hat. Wir brauchen manchmal solche Vorbilder, die uns zeigen, wozu der Mensch eigentlich fähig ist. Wir müssen nur

Laktattest im Wiener Dusikastadion mit Hubert Millonig – und: „Überlebenstraining" am Berg mit „Schiwago" Hauswirtshofer und Arik.

unser Leistungsvermögen wecken und es wollen. Er kennt ja die andere Seite, er war selbst Risikopatient. Er kann den Leuten schon zeigen: So bin ich heute, mit einer ganz anderen Form der Vitalität, mit einem anderen Geist, einem anderen Spirit. Christian kann ein Vorbild sein im Sinne von ‚etwas leisten wollen'. Ich halte nichts vom Nachahmen.

Christian ist in der Wüste, im Himalaya, im Dschungel und in der Antarktis gelaufen, auf dem Cover dieses Buches rennt er durch Mondkrater – ist das denkbar?

Hubert Millonig: Eine schwierige Frage. Ich weiß es nicht. Aber wenn ich so mein Leben betrachte, dann passieren heute Dinge, die vor 40 Jahren nicht denkbar waren. Es ist möglich, wenn die Wissenschaft die Nutzung des Mondes vorantreibt. Generell meine ich, dass wir vor 30 oder 40 Jahren nicht mal erahnen konnten, was passieren würde. Wir leben in einer rasanten Zeit mit rasanten Entwicklungen. Vor 40 Jahren war eine Zeit von 2:30 Stunden das Nonplusultra im Marathon, jetzt glauben wir, dass bald die Zweistunden-Marke unterboten wird und dass es bald einen Menschen geben wird, der die 100 Meter in 9,50 Sekunden laufen kann. Spätestens 2020 wird man meiner Ansicht nach den Marathon unter zwei Stunden bewältigen können. Es wäre interessant, 20 oder 30 Jahre nach dem eigenen Tod noch einmal auf die Welt zurückkehren zu können, um zu sehen, was sich geändert hat.

„Immer einen halben Schritt voraus …"

Sepp Hauswirtshofer lernte Christian 1987 kennen und ist seither mit ihm eng befreundet. „Es war ein Mittagessen unter Kollegen bei der Post. Der Chri ist im Eck gesessen, vor ihm sein damaliges Lieblingsmenü: ein großes Wiener Schnitzel mit einem Krügel Bier – und danach eine gemütliche Pfeife."

Hauswirtshofer (der lange Zeit auch Amtsleiter und somit Christians Chef war) und Schiester zogen gemeinsam um die Häuser, obwohl sie ein völlig ungleiches Paar waren: Der Sepp aus Graz war und ist total abstinent, und hat mit seinen jetzt 54 Jahren eine Handvoll Gläser Wein getrunken und noch nie geraucht, der damals 20-jährige Christian war „auf lustig unterwegs" und hatte alles im Sinn, bloß eines nicht: Sport. „Wenn wir schwimmen gegangen sind, wollte er nicht mal eine einzige Länge absolvieren. Er war zu faul dazu."

Hauswirtshofer zeigte Christian auch sein Stammlokal: das Schiwago in Dobl bei Graz. Aus dem Sepp wurde daraufhin „der Schiwago."

„Der Schiwago" war schon immer eine Sportskanone. Mit 13 begann er, leistungsmäßig Fußball zu spielen – und hatte Talent. Anfang der Siebzigerjahre stand Hauswirtshofer, der ein glänzender Torhüter war, vor dem Sprung in die Regionalliga, damals die zweithöchste Spielklasse in Österreich. „Ich spielte beim SVH Waldbach und stand in Verhandlungen mit Phönix Mürzzuschlag, aber wegen eines Schien- und Wadenbeinbruchs, den ich mir zugezogen habe, ist es nie dazu gekommen." Später, bei der Post, organisierte er Turniere und war „Kapitän" – und er ließ auch Christian bei dem einen oder anderen Hallenturnier auflaufen: „Das war eine Gaudi für uns alle. Der Chri wusste nur, dass der Ball rund ist, und war sehr tollpatschig."

Umso überraschter war „Schiwago", als ihm der lieb gewonnene, aber übergewichtige Kollege 1989 unterbreitete, dass er mit dem Laufen beginnen wolle. „Ich hab' mir gedacht, was will er jetzt? Für mich war er der Antisportler schlechthin."

„Der Schiwago hat mir aber schon immer das Gefühl gegeben, ein besonderer Mensch zu sein", erinnert sich Christian. *„Auch damals, als ich noch keine guten Leistungen erbringen konnte. Dafür bin ich ihm dankbar – das hat mich gewaltig motiviert."*

Und schon bald erkannte auch Hauswirtshofer, der davor auch kein Läufer war, aber noch heute 80 bis 100 Kilometer pro Woche absolviert, das Talent des Jüngeren – und dessen unbändigen Ehrgeiz. „Zwei Monate vor dem New York-Marathon hat er gesagt: Schiwago, komm, wir laufen gemeinsam die 40 Kilometer von Mautern nach Bruck runter. Ich hab' mich nach 25 Kilometern ins Auto von Christians Vater gesetzt, der uns begleitet hat, aber Christian hat den Vierziger bis Bruck durchgepresst. Da hab' ich gewusst, dass aus ihm etwas wird." Und dennoch nahm Hauswirtshofer seinem Freund einen Satz damals sehr übel: „Ich hab' ihm gesagt: Du wirst sehen, ich werde mal so viele Pokale gewinnen, bis ich nicht mehr weiß, wo ich sie hinstellen kann. Da meinte er, dass ich jetzt größenwahnsinnig sei. Immerhin hatte ich bis dahin noch keinen einzigen Pokal gewonnen. Heute verstauben rund 300 auf meinem Dachboden …"

Dass auch aus dem „Schiwago" ein guter Läufer wurde, daran waren Christian und der Jahreswechsel 1990/91 schuld: „Christian sagte zu mir: Ab morgen renn' ich jeden Tag. Entweder mit oder ohne dich. Denn eines sage ich dir: Mit so einem Wald- und Wiesenläufer möcht' ich nicht trainieren gehen!" Hauswirtshofer nahm das Ultimatum sportlich an: „Von den 365 Tagen im Jahr 1991 haben wir bestimmt 250 Mal gemeinsam trainiert." Christian lief immer einen halben Schritt voraus. „Er konnte nicht genau neben mir laufen. Es war wohl immer sein Ziel, vorne zu sein. Das ist psychologisch in ihm verankert."

Jeden Dienstag war Schlossberg-Training in Graz angesagt. „Christians Bestzeit vom Brunnen die Stufen rauf zum Grazer Uhrturm liegt bei 1:40 Minuten, ich hab' einmal 1:59 geschafft, aber da war mir speiübel", erinnert sich Hauswirtshofer. Christian erinnert sich auch: *„Der Schiwago war vor den Schlossberg-Trainings immer so nervös, dass er zwei Nächte vorher kaum schlafen konnte. So hart waren die Einheiten."*

Apropos Schlossberg: Eines schönen Sonntags fuhr Christian mit dem Mountainbike den Berg hinauf – und auf der anderen Seite, also über die Stufen, wieder hinunter. „Er hat mich angerufen, und sich fürchterlich über die vielen Spaziergänger aufgeregt, die sich wiederum über ihn aufgeregt hatten. Aber er, er war doch der Sportler, die anderen, die sollten ihm Platz machen – an einem Sonntag!"

„Es ist nie zu spät das zu werden, was man hätte sein können!"

www.christian-schiester.com

1991 in Voitsberg gewann Christian sein erstes Preisgeld bei einem Volkslauf. Hauswirtshofer: „Er wurde Zehnter und bekam 100 Schilling (rund 7 EUR, Anm.). Er hat sich gefreut wie ein Kind zu Weihnachten."

Christian und „der Schiwago" brauchten einander, ohne es damals zu wissen. „Er brauchte mich, um zu sehen, wie schnell er sich vom Mittelmaß wegbewegte, ich brauchte ihn, um zu sehen, was alles möglich war, wenn man nur wollte." Vor allem am Berg zeigte Christian damals dem Freund, was möglich war: „Wir sind manchmal auf Berge rauf, die ich nur auf allen vieren geschafft hab'. Er dagegen ist locker hinaufgelaufen mit seiner unglaublichen Urkraft. Wahnsinn."

Und manchmal haben es Chri und „Schiwago" auch übertrieben: Etwa, als beide in Stainach über den Leisten zum Spechtensee liefen, und dort im Gasthof nach einer Abkürzung fragten, um nicht wieder den beschwerlichen Weg über den Berg nehmen zu müssen. Allein, es gab keine. Hauswirtshofer: „Damals hab ich' gesagt: Chri, mit dir renn' ich nimmer. Am nächsten Tag sind wir wieder los."

Oder als Christian den Freund im Winter auf eine „neue, super Laufstrecke" in der Nähe von Mautern lockte – und dann nicht mehr weiter wusste und die Orientierung verlor. „Wir sind Direttissima den Berg runter. In einem Schneefeld reichte uns der Schnee bis zu den Achseln. Wir waren mehr als drei Stunden unterwegs."

Drei Stunden zu laufen, das war für Christian damals der Horror. „Er hasste diese langen Strecken, vor allem im Training. Er war durch und durch ein Rennläufer." Erst mit dem „Marathon des Sables" machte es „Klick", erinnert sich Hauswirtshofer: „Das sollte ja eigentlich sein letztes Rennen werden. Danach war alles anders."

28 Das neue Leben, die neuen Ziele

Nach dem Epilog geht es normalerweise nicht mehr weiter. Aber bei Christian Schiester geht es immer weiter. Jedem Ziel folgt ein weiteres. Ohne Ende.

„Auf ins neue Leben“ heißt Christians neuestes Projekt. Zugleich ist es der Titel einer Aktion, die die „Kronen Zeitung“ unter Betreuung von Christian und einem Expertenteam der Parktherme Bad Radkersburg gestartet hat. Sechs „Krone“-Leser bekamen dabei die Chance, ein „neues Leben“ zu beginnen – mit mehr Bewegung, gesunder Ernährung und weniger Stress. „Wir sind von halb kranken Stubenhockern zu Triathleten geworden“, fasst es ein Teilnehmer zusammen. Am Ende der sechs Trainingswochen stand der „Parkthermen-Triathlon“ (300 Meter schwimmen, 13 Kilometer Rad fahren und sechs Kilometer laufen).

Das Logo der Serie in der Kronen Zeitung

Christians Aufgabe war die Organisation der Zusammenarbeit zwischen den Experten (Arzt, Ernährungsberater, Physiotherapeut, Vitaltrainer und Psychologe) mit ihm selbst als „Frontman“ in Bad Radkersburg.

„Durch meine turbulente Vergangenheit und meine Leistungen als Sportler gelingt mir nicht nur der Zugang zum Menschen, sondern auch, dessen Vertrauen zu gewinnen. Diesen Zugang nütze ich, wenn ich die Kraft der Natur in der unglaublich beeindruckenden Umgebung von Bad Radkersburg einsetze.“

Christian stellt zunächst durch tief gehende Gespräche beim Walking, beim Radfahren, beim Rafting auf der Mur, beim Fischen, beim Lagerfeuer oder bei nächtlichen Spaziergängen und verschiedenen Tests die Ist-Situation jedes einzelnen Teilnehmers fest. *„Dann, nach genauer Zielsetzung, begleiten mein Team und ich diesen Menschen auf dem Weg in sein ‚neues Leben‘.“* Zusatz: *„Es ist relativ einfach, wenn man bereit ist, gemeinsam mit mir völlig neue Wege zu gehen.“*

Dazu gehört auch – oder: vor allem – der Verzicht: *„Ich nehm’ den Leuten im Grunde genommen alles weg. Das Handy, das Notebook und die Kreditkarte. So, dass alle gleich sind. So kann es sein, dass bei den Motivationsseminaren ein Generaldirektor im Zelt neben seinem Hausmeister sitzt. Dann sind beide auf einer gleichen Ebene und kommen in ein Gespräch, das sie sonst nirgendwo führen würden und könnten.“*

Seit Jänner 2008 hat Christian aber auch selbst ein „neues Leben“. Damals gab er den Außendienstjob bei Alpenschild Gebell auf und rief seine Firma „extreme sport management“ ins Leben. Mittlerweile hält Christian in ganz Europa Vorträge über seine Rennen und gibt seine Erfahrungen weiter. Dazu ist er ein begehrter Vortragender bei Motivationsseminaren für Firmen und deren Mitarbeiter. Motto: „Du kannst es – wenn du es nur willst." Dazu kommen enge Kooperationen mit den Partnern, die ihn durchs (sportliche) Leben begleiten.

Und, auch wenn Christian nach dem „Marathon des Sables" schwor „nie wieder Wüste!", so wird es 2009 und 2010 ein heißes Wüsten-Quartett geben: Christian läuft durch die Atacama in Chile, die ägyptische Sahara, das australische Outback und die Wüste Gobi in der Mongolei. „Viermal 250 Kilometer, also 1.000 Kilometer – das wird ein heißer Tanz durch die härtesten Wüsten der Welt. Ein Filmteam wird mich begleiten und eine Dokumentation über diese Rennen drehen."

„Red Bull-Boss Dietrich Mateschitz persönlich fand den Titel für dieses Projekt: ‚Sich die Welt erlaufen …' – genug Stoff also, für mein nächstes Buch unter diesem Titel …"